Dieuwke Winsemius
Das Findelkind vom Watt

Die Autorin:

Dieuwke Winsemius führt ein schriftstellerisches Doppelleben: Einmal schreibt sie geschichtliche Romane für Erwachsene, zum anderen gilt ihr großes Interesse dem Jugendbuch. Sie sagt von sich: »Wer Kinder nicht vollkommen ernst nimmt, kann nicht für Kinder schreiben. Dies ist eine absolute Voraussetzung, um sich in ihr Leben und Denken, in ihre Probleme hineinzuversetzen.« Alle Jugendbücher von Dieuwke Winsemius basieren auf authentischen Geschehnissen. Ein weiteres Buch der Autorin: ›Hilfe! Mein Gefieder ist voll Öl‹, dtv junior 70102.

Dieuwke Winsemius

Das Findelkind vom Watt

Mit Illustrationen von Angela Weinhold

Deutscher
Taschenbuch
Verlag

dtv

Aus dem Niederländischen von Florentine und
Hans Edmund Naylor

Titel der Originalausgabe: ›De vondeling van het wad‹,
erschienen 1980 im Verlag Omniboek, Den Haag

Mit einer Karte von Angela Weinhold

Von Dieuwke Winsemius ist außerdem bei dtv junior lieferbar:
Hilfe! Mein Gefieder ist voll Öl, Band 70102

Ungekürzte Ausgabe
1. Auflage März 1986
4. Auflage Oktober 1987: 37. bis 56. Tausend
Deutscher Taschenbuch Verlag GmbH & Co. KG, München

ISBN 3-7817-2326-7
Umschlaggestaltung: Celestino Piatti
Umschlagbild: Angela Weinhold
Gesetzt aus der Aldus 11/13
Gesamtherstellung: Ebner Ulm
Printed in Germany · ISBN 3-423-70083-1

»Wenn der Mensch sich nicht für die Natur entscheidet, begeht er einen großen Fehler.«

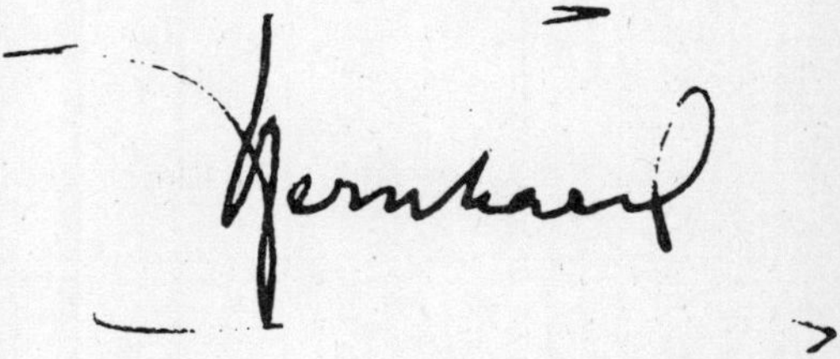

Prinz Bernhard der Niederlande

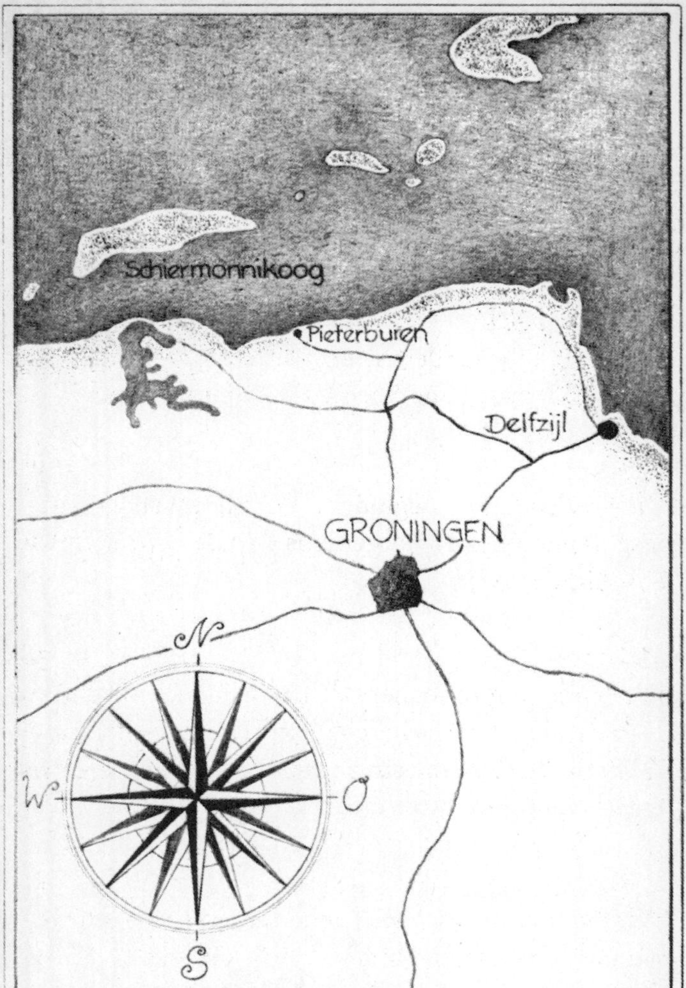
Schiermonnikoog
Pieterburen
Delfzijl
GRONINGEN
N
W
O
S

Inhalt

Vorwort 9

1. Kapitel 13
Ein freier Tag, aus dem wir etwas Besonderes machen: Wir besichtigen eine Seehunde-Aufzuchtstation.

2. Kapitel 30
Die großen Ferien beginnen, und auf unserer Ferieninsel regnet es von morgens bis abends. Nur Max hat ein tolles Erlebnis.

3. Kapitel 38
Es ist immer noch regnerisch, aber wir gehen trotzdem zum Strand. Erst begegnen wir dem alten Jord, und dann treffen wir auf einen großen Seehund, den wir Steven nennen.

4. Kapitel 47
Wir wollen Steven wiedersehen, aber zuerst müssen wir uns um unseren Hund Tommy kümmern. Als wir dann endlich am Strand sind, verjagt uns Jord.

5. Kapitel 54
Zusammen mit Max besuchen wir Jord, der über Seehunde anders denkt als wir.

6. Kapitel 62
Wir wollen näher an Steven herankommen, und Delia hat eine prima Idee. Steven läßt sich von mir streicheln!

7. Kapitel 76
Steven vertraut uns – wir brauchen uns nicht mehr zu verkleiden. Jord will uns sein Haus verkaufen. Aber was wird aus seiner Katze?

8. Kapitel 84
Wir wollen nicht, daß jährlich Tausende von Seehunden sterben müssen. Wir machen eine Demonstration und kommen sogar in die Zeitung.

9. Kapitel 94
Wir erleben ein großes Unwetter und suchen Strandgut. Außerdem sprechen wir mit Max über Jord.

10. Kapitel 102
Max hat ein neues großes Erlebnis: Steven zeigt ihm sein Junges. Und wir finden einen Heuler.

11. Kapitel 119
Ein Jahr ist vergangen. Unser Seehundbaby ist groß und stark geworden. Wir dürfen dabeisein, als es zurück ins Meer gebracht wird.

Vorwort

Warst Du in den Ferien schon einmal an der Nordsee? Dann kennst Du sicher auch das Watt, die riesigen Schlick- und Schlammflächen zwischen der Küste und den Inseln, die Tag für Tag bei Ebbe aus dem Meer auftauchen und bei Flut wieder überspült werden. Auf den Sandbänken im Watt bringen die Seehunde, von denen dieses Buch handelt, ihre Jungen zur Welt, und hier ruhen sie sich nach dem Fischfang aus. Hunderttausende von Seevögeln suchen bei Ebbe ihre Nahrung, von der es im Boden des Wattenmeeres nur so wimmelt. Wenn Du einmal eine Wattwanderung mitgemacht hast, wirst Du sicher die vielen kleinen Sandhäufchen der Pierwürmer gesehen und das Kribbeln und Krabbeln der zahllosen winzigen Lebewesen im feuchten Schlick unter Deinen Füßen gespürt haben. Auch mehr als hundert Fischarten – Schollen, Flundern, Aale, Dorsche, Heringe – und dazu die Krabben und Muscheln, die alle für die Ernährung der Menschen sehr wichtig sind, wachsen im Wattenmeer heran.

Von Holland über die ganze deutsche Nordseeküste bis hinauf nach Dänemark bedeckt das Wattenmeer eine Fläche von über 7500 Quadratkilometern, das ist ungefähr die Hälfte des Landes Schleswig-Holstein. Damit ist das Wattenmeer neben den Alpen die größte zusammenhängende Naturlandschaft in Mitteleuropa. Leider wird aber die Heimat der Seehunde von vielen Gefahren bedroht, an denen wir Menschen schuld sind: aus Elbe, Weser, Ems und Rhein fließen die Abwässer der Großstädte und Fabriken ins Meer, giftige Säuren und Ölrückstände werden von den Schiffen in der Nordsee abgelassen, die Industrieanlagen an der Küste verpesten die Luft, durch den Bau von Häfen und neuen Deichen gehen immer größere Wattgebiete verloren, militärische Übungen beunruhigen die brütenden Seevögel, und auch die vielen hunderttausend Nordsee-Urlauber tragen – oft ohne es zu wissen – mit ihren Segel- und Motorbooten, Surfbrettern, Watt- und Dünenwanderungen und den Ausflugsfahrten zu den Seehundbänken dazu bei, daß die Natur am Wattenmeer gestört und geschädigt wird. Kein Wunder, daß die Zahl der Seehunde immer mehr zurückgeht, wenn sich die Lebensbedingungen für die Tier- und Pflanzenwelt im Watt ständig weiter verschlechtern.

Der WWF, die größte Naturschutzorganisation der Welt, kämpft deshalb in Deutschland, Holland und Dänemark mit vereinten Kräften darum, das Wattenmeer als wichtigen Lebensraum für Tiere, Pflanzen und Menschen zu schützen und zu erhalten. WWF ist die Abkürzung für »World Wildlife Fund«, was man am besten mit »Welt-Naturhilfe« übersetzen kann. Wenn Du uns dabei helfen willst, die Heimat der Seehunde zu retten, können Deine Eltern und Du fördernde Mitglieder beim WWF-Deutschland werden. »Das Findelkind vom Watt« bittet uns alle um Hilfe.

Dr. Arnd Wünschmann
Umweltstiftung WWF-Deutschland

1. Kapitel

Ein freier Tag, aus dem wir etwas Besonderes machen: Wir besichtigen eine Seehunde-Aufzuchtstation.

Kaum hatte die Schule nach den Ferien begonnen, da bekamen wir schon wieder einen Tag frei. In Utrecht fand eine Lehrerbesprechung oder so etwas Ähnliches statt.

Denkt nur nicht, daß wir mit dem freien Tag nichts hätten anfangen können. Delia und ich langweilen uns fast nie.

Delia ist meine Zwillingsschwester. Ich heiße Max, genau wie unser Vater. Damit es keine Verwechslungen gibt, bin ich Max junior, und daraus ist so nach und nach Jun geworden.

Wir nennen unsere Eltern nämlich immer beim Vornamen. Max und Lieke – ich finde, das klingt viel besser als Mama und Papa.

Als Delia und ich ganz klein waren, konnte uns fast niemand auseinanderhalten. Jetzt sind wir neun und sehen uns gar nicht mehr besonders ähnlich. Delia ist etwas größer als ich und hat blaue Augen, meine sind grau. Blond sind wir beide, aber meine Haare sind heller, vor allem im Sommer.

Das Komische ist, daß uns die Leute manchmal trotzdem verwechseln. Wahrscheinlich bloß, weil wir beide in Jeans rumlaufen. Delia haßt es nämlich, Kleider anzuziehen.

An diesem freien Tag also wollten wir eigentlich unsere Briefmarkensammlung in Ordnung bringen. Als Max allerdings erzählte, daß er in den »hohen Norden« führe, und uns fragte, ob wir nicht Lust hätten, mitzukommen, da brauchten wir uns das keinen Augenblick zu überlegen. Max ist Einkäufer für ein Holzgeschäft und viel unterwegs. Wir freuen uns immer, wenn wir mitfahren können.

Lieke hatte auch frei. Sie unterrichtet Biologie an der Abendschule und mußte nicht zu der Konferenz nach Utrecht. Lieke ist der Meinung, daß man an freien Tagen immer etwas Besonderes unternehmen sollte, und so waren wir alle schnell startbereit.

Unser Hund Tommy beobachtete unsere Vorbereitungen sehr aufmerksam. Er hatte sich lang auf dem Boden ausgestreckt und die Schnauze auf die Pfoten gelegt. In dieser Haltung verfolgte er mißtrauisch jede unserer Bewegungen. Man kann ihm nichts vormachen. Wenn es sich um Ausflüge handelt, scheint er unsere Gedanken zu lesen und läßt uns nicht aus den Augen. Haben wir etwa die Absicht, ihn allein zu lassen? Wenn er seiner Sache nicht ganz sicher ist, sieht er mit traurigen Blicken von einem zum anderen, zieht seine rechte Augenbraue fragend hoch und seufzt unüberhörbar. Wird er dann immer noch nicht beachtet, legt er sich der Länge nach auf die rauhe Fußmatte und versperrt uns den Weg. Sowie aber jemand »kommst du mit?« oder auch nur »kommst du?« fragt, wirft er uns vor Freude beinahe um. Und noch bevor einer von der Familie im Auto sitzt, liegt er schon hinten im Laderaum unseres Kombis auf seiner Decke. Natürlich immer erst, nachdem er am Pfosten des Briefkastens noch schnell das Bein gehoben hat.

Es war ein grauer Nieselregentag. Man konnte kaum glauben, daß es schon Ende April war. Alle Autos fuhren mit Licht. Bäume und Sträucher gaben sich mit ihrem ersten Grün große Mühe, die trübe Stimmung etwas aufzuheitern.

Der »hohe Norden« war Delfzijl. Das ist eine Hafenstadt nicht weit von Emden, da, wo die Ems in die Nordsee mündet. Wir wohnen südlich davon, in der Nähe von Utrecht.

In Holland muß man von keinem Ort aus sehr lange fahren, um ans Meer zu kommen, und auch wir waren bald am Ziel.

Während Max mit der Holzfirma verhandelte, liefen wir mit Lieke an den Strand. Wir kletterten auf den Deich, von dem aus man bei klarem Wetter Emden sehen kann. Aber jetzt war nichts zu erkennen. Das Meer war genauso grau wie der Himmel, es schien keinen Horizont mehr zu geben.

Da wir wetterfest angezogen waren, machten uns Regen und Wind nichts aus. Wir rannten ihnen entgegen. Tommy trabte ein Stück vor uns her und streckte die Nase witternd in die Luft. Dann verbellte er die Möwen, die laut kreischend aufflogen. Hochmütig verfolgte er sie mit den Augen. Er hatte es nicht nötig, soviel Lärm zu machen. Man sah es ihm an der Schnauze an, daß er an der Küste zu Hause war.

Als wir vom Deich wieder hinabstiegen, tat er so, als ob er es nicht bemerkte. Das ist seine Art, uns

herauszufordern. Tommy ist ein Appenzeller, und die sind oft eigensinnig. Wir riefen nur einmal, denn wir wußten genau, daß ihn das Geräusch der zuschlagenden Autotür sofort herbeilocken würde. Und so war es dann auch.

Während wir noch überlegten, was wir jetzt unternehmen könnten, kam Max zurück. Lieke schlug vor, nach Pieterburen zu fahren. Sie weiß eine Menge über Pflanzen und Tiere und kennt eine Seehunde-Aufzuchtstation. Dort werden hilfsbedürftige Seehunde so lange gepflegt, bis sie wieder allein für sich sorgen können. Und außer der Aufzuchtstation sollte es in Pieterburen noch eine alte Kirche und einen botanischen Garten mit geschützten Pflanzen und Heilkräutern geben.

Wir machten uns also auf den Weg zu dem kleinen Dorf, das nördlich von Groningen liegt.

ZUR SEEHUNDE-AUFZUCHTSTATION lasen wir auf einem Wegweiser. Max verließ die Hauptstraße und folgte der angegebenen Richtung.

Auf dem nächsten Schild stand: PARKEN SIE HIER UND GEHEN SIE ZU FUSS WEITER. Um so besser!

Tommy mußte leider im Auto bleiben.

Wir gingen auf ein Haus zu, vor dem gerade ein Fischauto aus Ijmuiden entladen wurde. Es roch nach Fisch und nach dem Watt bei Ebbe.

Was wir eigentlich erwartet hatten, weiß ich nicht genau. Ich glaube, eine Art Zoologischen Garten mit einem Aquarium hinter Glaswänden, wo man Eintritt bezahlen muß. Aber das war hier nicht nötig, man konnte einfach so hineingehen. Eine Frau in einem blauen Overall kam uns entgegen. Die Hosenbeine hatte sie bis über die Stiefel aufgerollt. Es war Frau Lenie, die Leiterin der Aufzuchtstation.

»Sehen Sie sich ruhig um«, sagte sie freundlich.

Ich fand es toll, daß man einfach überall rumlaufen durfte.

Frau Lenie erzählte uns, daß man schon mal überlegt hätte, Eintrittskarten zu verkaufen, denn das Verpflegen und Versorgen der hungrigen Seehunde koste viel Geld. Und auch der Arzt mußte bezahlt werden, denn die meisten Tiere waren ja krank. Trotzdem blieb es dabei, daß es jedem möglich war, unentgeltlich hereinzuschauen. Wer wollte, konnte Geld spenden oder besser noch förderndes Mitglied der Stiftung »Seehunde-Aufzuchtstation Pieterburen« werden. So lautete der offizielle Name. »Förderndes Mitglied« heißt, daß man jedes Jahr einen festen Beitrag einzahlt.

»Heutzutage werden immer mehr schwache und kranke Seehunde im Wattenmeer gefunden«, sagte Frau Lenie. »Und wenn man sie nicht rechtzeitig einfängt und versorgt, verschwindet diese Tierart eines Tages ganz.«

Sie zeigte uns noch, wo das Bassin war, und ließ uns allein.

Delia sah die Seehunde zuerst. Wir bekamen einen richtigen Schrecken, denn daß sie so groß sind, hatten wir nicht gewußt.

Sie schwammen auch nicht in einem Aquarium. Ihr Bassin glich eher einem Swimmingpool, wie man sie häufig in Vorstadtgärten sieht. Ein großes Wasserbekken mit blauem Boden. Fünf Seehunde vergnügten sich darin.

»Die sind ja riesig!« sagte Delia beeindruckt.

Hinter uns sagte jemand: »Der kleinste von den großen ist anderthalb Meter lang und der größte einen Meter neunzig.«

Wir drehten uns um und sahen einen dünnen rothaarigen Jungen, genau wie wir in Gummistiefeln und gelber Regenjacke.

»Seht mal«, erklärte er weiter, »der da mit den dunklen Flecken, der jetzt untertaucht, das ist Dirk. Dirk ist schon zum zweitenmal bei uns.«

»Bei uns?« fragte ich. »Wohnst du denn hier?«

»Na klar. Meine Mutter leitet doch die Station.«

»Erzähl uns was von Dirk«, bat Lieke.

Der Junge erwiderte, daß er keine Zeit habe, weil er beim Fischausladen helfen müsse.

»Willst du nachher mal meine Fischräucherei sehen?« fragte er mich noch. Er zeigte auf ein paar alte Ölfässer, die nicht weit entfernt auf der Wiese standen. Es kam Rauch heraus.

»Das macht Spaß, sag ich dir! Beschädigte Fische fressen die Seehunde nicht, und die bekomme ich dann zum Räuchern.« Er ging zu dem Fischauto, und wir beobachteten die Robben.

Die Tiere lagen keinen Augenblick still. Mit sichtlichem Behagen glitten und schossen sie durcheinander. Oft blieben sie eine ganze Weile unter Wasser und tauchten plötzlich irgendwo wieder auf. Manchmal standen sie balancierend fast senkrecht, als ob sie für eine Schwimmprüfung Wassertreten übten.

Neben dem Bassin war eine kleine Fliesenterrasse. Als Max sich hinhockte, um die Tiere besser anschauen zu können, kam Dirk, der große Seehund, vorsichtig näher. Max schob sich fast bewegungslos an die Terrasse heran, und wir machten es ihm nach. Nun hockten wir alle vier fast bewegungslos neben dem Bassin.

Delia hat in der Schule einmal ein Referat über das Wattenmeer halten müssen. Sie sagte damals, daß Seehunde sehr neugierig sind. Galt das auch für Dirk? Würde er sich noch weiter heranwagen? Oder war er schon so sehr an Menschen gewöhnt, daß sie ihm gleichgültig waren?

»Psst! Nichts sagen«, flüsterte Max. »Ganz still sitzen bleiben!«

Und tatsächlich, der Seehund hob den Kopf, um festzustellen, was wir für seltsame Wesen waren. Als ich ihm die Hand entgegenstreckte, ließ er sich flach rückwärts ins Wasser fallen.

»Geduld.« Lieke machte eine beruhigende Bewegung. »Sein Interesse ist geweckt, er will bestimmt mehr von uns wissen.«

Bewegungslos blieben wir sitzen, und tatsächlich, da war er schon wieder. Er schwamm ein paarmal vor uns hin und her und tat so, als ob es sich nicht lohne, Menschen anzuschauen. Dann drehte er wieder auf uns zu, richtete sich auf und bequemte sich aus dem Wasser. Er reckte den glatten Kopf und blickte uns unbeweglich an, interessiert und wachsam. Das war sein gutes Recht, denn er kannte uns ja nicht. Und wer weiß, vielleicht hatte ihm seine Mutter auch schon beigebracht, daß man mit Menschen nicht vorsichtig genug sein kann, weil Menschen die schlimmsten Feinde der Seehunde sind.

So wendig und geschickt er sich im Wasser bewegt hatte, so unbeholfen war er auf dem Trockenen. Mühsam robbte er vorwärts und sah uns aufmerksam an. Wir hielten den Atem an. Noch nie hatten wir, außer bei Tommy, buchstäblich Auge in Auge mit einem Tier gestanden. Das Lustige war, daß der Seehund mehr Interesse für Delia und mich zeigte als für Max und Lieke.

Eigenartige Augen hatte er. Glanzlose, schwarze Kugeln, wie dicke Brillengläser eines Sehbehinderten. Aber er sah uns erstaunlich gut, jede unserer Bewegungen nahm er wahr.

Plötzlich rief der Mann vom Fischauto. Einige Kisten wurden abgeladen. Dirk knurrte vergnügt und tauchte rückwärts ins Wasser. Er wußte, was die Geräusche zu bedeuten hatten. Es kam Futter. Damit konnten wir nicht konkurrieren.

Unsere Knie waren durch die ungewohnte Haltung steif geworden. Auch wenn wir noch stundenlang hätten zuschauen können, mußten wir doch wieder aufbrechen. Wir wollten ja noch in den Botanischen Garten.

In diesem Augenblick sahen wir unter einem Schutzdach drei kleine Seehunde liegen. Über ihnen brannten wärmende Rotlichtlampen. Die Babys sonnten sich darunter, als verbrächten sie einen Sommertag am Strand. Ganz still lagen sie. Nur an ihren Atemzügen konnte man erkennen, daß sie lebten.

»Junge, Junge«, rief Max. »Das nenne ich genießen!« Er fröstelte. »Mit denen möchte ich jetzt tauschen«, seufzte er.

Der Regen fiel unaufhörlich, und Max' Parka war schon völlig durchnäßt.

Die Tiere beachteten uns nicht und boten uns ausgiebig Gelegenheit, sie anzuschauen. Drei Miniaturseehunde mit Köpfen, die im Verhältnis zu den Rümpfen viel zu groß wirkten. Es sah fast so aus, als wären die Rümpfe eine Weile nicht mitgewachsen, während sich die Köpfe normal entwickelt hatten. Der treuherzige Blick der Tiere erinnerte an den junger Hunde. Ich kann mich noch gut an Tommy erinnern, den wir bekamen, als er sechs Wochen alt war. Damals fand ich, daß auch er fast nur aus Kopf bestand.

Einer der kleinen Seehunde entdeckte uns, und Lieke rief: »Na, ihr kleinen Kerle? Liegt ihr schön warm unter den Lampen?«

Lieke hat eine besondere Art, mit jungen Tieren zu sprechen. Ob es sich um einen Wurf Katzen oder um ein neugeborenes Fohlen handelt, immer wird ihre Stimme weich wie Samt.

»Ihr führt ja ein Leben wie im Schlaraffenland, so ...«

Weiter kam sie nicht, denn plötzlich stand Frau Lenie neben uns.

»Bitte«, sagte sie flehend, »bitte sprechen Sie die Babys nicht an, denn sonst kommen sie hierher, und das darf nicht sein, da sie unbedingt in der Wärme bleiben müssen. Ach du liebe Zeit, da haben wir es schon!«

Kaum hatten die drei Kleinen Liekes Stimme gehört, hoben sie auch schon die Köpfe und robbten uns entgegen. Die Flossen klatschten auf den Steinen. Alle wandten sich Lieke zu. Drei Hundeschnäuzchen hoben sich, sechs schwarze Augen sahen sie erwartungsvoll an.

Frau Lenie seufzte. »Die Kleinen reagieren sehr stark auf Stimmen, und wenn sie erst einmal dem Menschen entgegengewatschelt sind, kommen sie einfach nicht mehr von ihm los.«

»Sie sollten ein Schild anbringen mit dem Hinweis, daß es verboten ist, die jungen Seehunde anzusprechen«, sagte Max entschuldigend. »Wir haben das nicht gewußt.«

»An sonnigen Tagen ist es ja nicht so schlimm«, erklärte Frau Lenie. »Aber bei diesem kühlen Wetter muß ich die kleine Gesellschaft im Solarium unter der künstlichen Sonne halten. Sonst sinkt ihre Körpertemperatur zu sehr ab.«

Sie stieg über das Gitter, nahm die Seehundbabys eines nach dem anderen hoch und trug sie wie eine Kinderschwester auf der Säuglingsstation zurück unter die wärmenden Lampen.

»So, Herrschaften, jetzt wird weitergeschlafen«, befahl sie.

Dann wandte sie sich Lieke zu: »Wissen Sie, die Lampen sind nicht nur für die Wärme da, sie fördern zugleich auch den Wachstumsprozeß. Die jungen Seehunde sind mager und geschwächt, wenn sie zu uns kommen. Der Knirps da mit dem schwarzen Fleck über den Augen wog keine sechs Kilo, während das

Doppelte für sein Alter normal ist. Aber was ist schon heute noch normal!«

Sie lachte auf und fuhr bitter fort: »Normale Zustände hätten wir, wenn das Meer von gesunden Fischen und gesunden Seehunden wimmelte. Aber es gibt immer mehr kranke Tiere und Pflanzen. Die Menschen zerstören das Meer, indem sie schädliche Abfallstoffe ins Wasser pumpen. Sie vergiften die Luft, die sie einatmen, und das Wasser, das sie trinken. Das Meer schenkt uns jährlich siebzigtausend Tonnen Nahrung. Stellen Sie sich das vor, siebzig Millionen Kilogramm, eine Siebzig mit sechs Nullen! Und dieses Meer vergiften wir! Wenn das so weitergeht, wird es auch bei uns bald nicht mehr genug zu essen geben.«

Sie sah noch einmal zu den Seehundbabys hinüber und vergewisserte sich, daß sie schön unter der Lampe liegengeblieben waren.

»So ist es gut«, sagte sie zufrieden.

»Sind das nun Heuler?« fragte Delia.

Durch ihr Referat in der Schule wußte sie eine Menge über Seehunde.

Frau Lenie nickte. »Ja, so werden die verlassenen Jungtiere genannt. Du müßtest sie einmal hören, wenn sie hilflos auf einer Sandbank liegen. Entweder hat die Mutter sie verlassen, oder sie ist verendet. Das ist alles möglich, seit das Meer so krank ist. Sie sehen einen mit großen, traurigen Augen an und heulen wie kleine Kinder.

Für mich sind es die rührendsten Geschöpfe unter der Sonne. Sie sind auch die hilfsbedürftigsten Jungtiere, die es gibt. Sie sind verloren, wenn die Wellen sie aufs Trockne werfen.«

»Ziehen Sie sie mit der Flasche groß?« fragte Max.

Offensichtlich war das eine ganz dumme Frage, denn Frau Lenie begann so laut zu lachen, daß es uns ansteckte. Wir wußten zwar nicht warum, aber wir lachten aus vollem Halse mit.

»Es sind doch keine Lämmer! Ihr Gebiß ist schon bei der Geburt vollständig entwickelt und stark.« Sie holte ein Paar Lederhandschuhe aus der Tasche. »Sehen Sie, die trage ich, wenn ich die Babys füttere, denn es ist nicht so angenehm, wenn sie zugleich mit dem Fisch einen Finger mitnehmen.«

Sie erzählte, daß man nach vielen Experimenten und Untersuchungen einen guten Ersatz für die Muttermilch gefunden hatte.

»Seehunde sind Säugetiere«, sagte sie. »Das wissen Sie ja. Wenn alles auf die natürliche Weise verläuft, wird das Junge anfangs vier Wochen von der Mutter gesäugt. Als wir hier die ersten Jungtiere bekamen, da gaben wir ihnen normale Kuhmilch. Aber die Kleinen verhungerten buchstäblich. Wir wußten damals noch nicht, daß die Milch der Seehunde einen Fettgehalt von 50 Prozent hat. Jetzt bekommen sie einen Brei aus gemahlenem Fisch oder Krabben mit Wasser. Von selbst fressen sie allerdings nicht, und deshalb befördern wir die Nahrung mit einem Schlauch direkt in den Magen. Das ist leichter gesagt als getan, denn die jungen Seehunde zerbeißen den Schlauch. Dagegen mußten wir uns etwas einfallen lassen. Wir stecken den Tieren ein Stück Holz quer in die Schnauzen, so daß sie die Kiefer nicht mehr aufeinanderbeißen können, und schieben danach den Schlauch hinein.

In den ersten Tagen werden sie, genau wie Babys, alle drei Stunden gefüttert, danach fünfmal am Tag und schließlich nur noch viermal. Es dauert ein paar Wochen, bevor sie das Schlucken gelernt haben und selbst Fisch fressen können. Und danach müssen sie noch lernen, die Fische selbst zu fangen.«

Wir hörten gespannt zu. Frau Lenie tat so, als habe sie viel Zeit, und berichtete alle möglichen Einzelheiten, die mit ihrer Arbeit zusammenhingen.

Max fragte, mit welchen Krankheiten die Seehunde denn zur Station gebracht würden.

»Darmentzündung, Lungenentzündung, Lungenwürmer und Bandwürmer«, zählte Frau Lenie auf. »Die letzteren wird man fast nicht wieder los. Am schlimmsten sind die erwachsenen Tiere betroffen. Zum Glück brauche ich nicht mehr alles allein zu tun.«

Sie sprach von der Hilfe, die ihr von allen Seiten zuteil wurde. Der Tierarzt und viele Leute aus dem Dorf setzten sich für die Rettung der Seehunde ein. Sie hatten erreicht, daß regelmäßig Studenten der Tiermedizin ihr Praktikum auf der Station machten. Außerdem gab es freiwillige Helfer. Auch die Wasserpolizei und die Hubschrauberpiloten von den Flugplätzen in Leeuwarden und Soesterberg arbeiteten mit der Station zusammen und halfen beim Transport der Tiere.

Frau Lenie sah auf die Uhr. »Vor dem Füttern habe ich gerade noch Zeit, euch die Geschichte von Dirk zu erzählen. Das ist der große da, mit den schwarzen

Flecken am Hinterkopf. Dirk ist schon zum zweitenmal hier. Vor zwei Jahren wurde er schwerkrank zu uns gebracht. Niemand glaubte, daß er durchkäme. Aber wir päppelten ihn auf und brachten ihn zurück ins Wattenmeer, mit einem Boot der Wasserpolizei übrigens, der RP 19.

Alle Tiere, die wir aussetzen, werden mit einer Markierungsmarke versehen. Dirk bekam ein orangefarbenes Zeichen. Anfang des Jahres wurden wir aus Deutschland angerufen, von Wangerooge. Das ist eine friesische Insel wie unser Schiermonnikoog, das ihr ja sicher kennt.«

Und ob wir Schiermonnikoog kannten! Schließlich verbrachten wir jedes Jahr die Sommerferien dort.

»Die Leute berichteten«, erzählte Frau Lenie weiter, »daß bei Ebbe ein großer Seehund auf dem Strand liegengeblieben sei, der krank aussehe. Sie baten mich, zu kommen und ihn mir anzusehen. Ich also in einen Hubschrauber . . .«

Den Rest der Geschichte bekamen wir nicht mehr zu hören, denn in diesem Augenblick brauste ein Volkswagenbus in voller Fahrt aufs Gelände, laut hupend, alle Blinklichter an. Sowie das Auto hielt, wurde eine seitliche Schiebetür geöffnet, und ein Junge und ein Mädchen sprangen heraus.

»Schnell, schnell!« rief das Mädchen.

Von diesem Moment an hatte Frau Lenie uns vergessen. Sie rannte zum Auto und zog mit Hilfe der Kinder und des Fahrers eine große Wanne heraus, die bis zum Rand mit Wasser gefüllt war. Darin trieb hilflos ein kleiner Seehund.

»Kinder, wie furchtbar dumm von euch. Schnell das Wasser raus!« rief Frau Lenie.

Sie kippte die Wanne um, und das Wasser schwappte auf den Boden. »Er hätte ertrinken können! Man darf doch einen Seehund nie im Wasser transportieren.«

Als sie die betretenen Gesichter der Kinder sah, änderte sie ihren Ton. »Es war gut gemeint von euch«, sagte sie sanft. »Wo habt ihr ihn denn gefunden? Es ist noch ein richtiges Baby. Kommt schnell mit mir hinein!«

Das war das letzte, was wir von diesem neuen Patienten sahen. Er war gerettet, der Glückliche.

Außerhalb des Dorfes ließen wir Tommy aus dem Auto, und nachdem er eine Runde gedreht hatte, fuhren wir nach Hause. Für den Botanischen Garten war es zu spät geworden.

2. *Kapitel*

Die großen Ferien beginnen, und auf unserer Ferieninsel regnet es von morgens bis abends. Nur Max hat ein tolles Erlebnis.

In den Sommerferien fuhren wir wie jedes Jahr mit dem Wohnwagen nach Schiermonnikoog.

Auf unserer Insel gibt es einen ziemlich großen Campingplatz. Wir hatten eine Lieblingsstelle, die etwas abseits und erhöht lag. Von unserem Eßplatz aus sahen wir die bewachsenen Dünen. Nach der anderen Seite überblickten wir fast den ganzen Campingplatz.

Diese Stelle wurde uns immer freigehalten, weil wir zu den ältesten Campern gehörten.

Bei gutem Wetter schliefen Delia und ich in einem kleinen Zelt neben dem Wohnwagen. Dieses Jahr sah es allerdings so aus, als hätten wir das Zelt umsonst aufgebaut. Es wollte einfach nicht richtig Sommer werden. Es regnete und regnete.

Auf dem Campingplatz wurde den ganzen Tag Schach gespielt. Morgens nach dem Frühstück schon sah man die Männer mit dem Schachbrett unter dem Arm zu anderen Spielern gehen, und auch wir Kinder fanden bald Partner. Bei uns in Holland kann man nämlich in der Schule Schach lernen.

Wir gingen oft zu einer Familie aus Brabant, und auch sie besuchte uns. Ihre Tochter Eileen war genauso alt wie wir und unwahrscheinlich tierlieb. Sie war Mitglied im World Wildlife Fund (Welt-Naturhilfe) und hatte eine Menge Zeitschriften über Tiere, in denen wir stundenlang lasen. Ihr fielen auch immer neue Spiele ein. Da sie eine ganze Tasche voller Plastiktiere mitgebracht hatte – sogar Urwelttiere waren darunter –, verbrachten wir viel Zeit damit, Zoologische Gärten und Wildreservate in den Dünen zu bauen.

Aber hin und wieder kam doch die Sonne durch. Dann konnten Delia und Eileen gar nicht schnell genug in ihre Bikinis kommen, um braun zu werden. Wir rannten bei Flut ins Wasser, sprangen in die anrollende Brandung und ließen uns rückwärts wieder zum Strand treiben. Wenn wir müde waren, legten wir uns in den Sand zum Trocknen, und die Folge waren rote Nasen und verbrannte Schultern. Doch immer verschwand die Sonne bald wieder hinter den Wolken. Ein harter Wind fegte den Sand dicht über dem Boden an unsere nackten Beine. Es fühlte sich an, als ob man durch Brennesseln lief.

Wenn schlechtes Wetter war, hatten wir oft keine Lust, ins Wasser zu gehen. Nur Max ließ das Bad keinen Tag ausfallen.

Max ist ein sehr guter Schwimmer. Er war früher einmal Zweiter im Rückenschwimmen bei den Europameisterschaften. Die Silbermedaille hängt heute noch neben anderen Sporttrophäen über dem Schreibtisch in seinem Arbeitszimmer.

Immer wenn wir auf der Insel sind, schwimmt er zu den Badezeiten mit uns weit hinaus ins offene Meer.

Wenn wir aber am frühen Morgen Flut haben, geht er allein an der Ostspitze schwimmen.

Eines Morgens war er schon sehr früh weggegangen. Wir saßen noch am Frühstückstisch, als er schon wieder vom Baden zurückkam.

Wir sahen ihn kommen. Wie immer hatte er sich das Handtuch um den Hals geknotet, und natürlich trug er seine komische Schiebermütze, von der er sich in den Ferien nie trennt.

Und doch war alles anders als sonst. Er näherte sich nämlich nicht im normalen Schritt, sondern er rannte. Sein Bademantel flatterte hinter ihm her. An diesem Morgen schien ausnahmsweise die Sonne. Er lief also nicht, weil er fror. Auch war das nicht sein Jogging-Schritt. Gespannt sahen wir ihm entgegen.

»Ihr glaubt nicht, was ich heute erlebt habe!« Max schnappte nach Luft und ließ sich auf die Bank fallen. Er nahm sich nicht einmal Zeit zum Umziehen, sondern setzte sich in der nassen Badehose zu uns.

»Stellt euch vor«, begann er noch ganz außer Atem, »ich ziehe meinen Bademantel und die Schuhe aus, um ins Wasser zu gehen, und als ich meine Arme naß mache und dabei flach über das Wasser schaue, sehe ich wenige Meter von mir entfernt auf der Sandbank einen schwarzen Buckel. Im ersten Augenblick hielt ich es für ein Stück Wrackholz. Als ich aber weiter in das Wasser hineinlief, war der Buckel weg. Ich beobachtete die Stelle und bemerkte, daß die dunkle Erhebung regelmäßig auftauchte und wieder verschwand. Es war ein Seehund!«

»Na und?« meinte Lieke. »Das ist doch nichts Besonderes. Wir sehen ja öfter mal Seehunde.«

Sie schenkte Max Kaffee ein und ermahnte ihn, sich anzuziehen, da er sich sonst erkälten könnte.

»Sicher sehen wir öfter mal Seehunde, aber dieser..., das glaubst du nicht...« Max schüttelte den Kopf, als ob er an seinen eigenen Worten zweifele. »Dieser bewachte mich. Von dem Augenblick an, in dem ich ins Wasser ging, ließ er mich keine Sekunde aus den Augen.«

»Seehunde sind neugierig«, sagte Delia.

Max nickte etwas ungeduldig.

»Ja, ich weiß, aber dies war mehr als normale Neugier. Er kam so dicht an mich heran, daß ich seinen Körper berührte. Wenn ich schneller schwamm, blieb er neben mir, als ob wir ein Wettschwimmen veranstalteten. Ein Wettschwimmen, das ich natürlich mit Pauken und Trompeten verlor. Manchmal dachte ich, daß er mich wegdrücken wollte, weil er mich für etwas hielt, das nichts in seiner See zu suchen hatte. Dann wieder kam es mir vor, als wollte er spielen. In solchen Momenten stellte er sich auf und sah mich spöttisch an, als ob er sagen wollte: Du und Rückenschwimmen! Pah, du Anfänger! Unmittelbar darauf ließ er sich nach hinten fallen und schwamm weg. Für ihn war es völlig gleichgültig, ob er auf dem Bauch oder auf dem Rücken schwamm. Er schoß nur so durchs Wasser. Und dann tauchte er plötzlich wieder dicht neben mir auf, fast herausfordernd.«

»Hattest du denn keine Angst vor ihm?« fragte Delia.

»Ach, Angst nicht direkt, aber ich fand es doch ein bißchen unheimlich, dieses große Tier neben mir. Ich war nicht gerade darauf versessen, einen Schlag von seinen Vorderflossen oder seinen Schwanzflossen zu bekommen. Einmal ließ er auch seine Zähne sehen. Na, davor kann man schon Respekt haben.«

Wir hörten atemlos zu. Max versprach, uns am nächsten Morgen mitzunehmen.

Fast den ganzen Tag redeten Delia und ich nur noch von Seehunden. Wir dachten an die Tiere, die wir im Frühjahr bei Frau Lenie gesehen hatten. Vielleicht war der Seehund, dem Max begegnet war, sogar Dirk. Er war ja schon zweimal in der Aufzuchtstation gewesen und an Menschen gewöhnt. Würde man so dicht an ihn herankommen, daß man erkennen konnte, ob er eine Markierung hatte?

Am folgenden Tag liefen wir frühmorgens los, alle drei im Bademantel. Lieke schlief noch.

Glücklicherweise regnete es nicht, aber es war bewölkt, und die Sonne konnte nicht richtig durchkommen.

An der Ostspitze hören die Dünen auf. Draußen erkennt man die Leuchtboje, die die Fahrrinne markiert, und bei klarem Wetter zeichnet sich jenseits des Wattenmeers deutlich das Festland ab. Man sieht die spitzen Türme einiger Dorfkirchen und den Schornstein einer Molkerei.

Der Strand ist an der zum Wattenmeer gelegenen Seite der Insel lange nicht so hell wie am offenen Meer. Die Flut spült zweimal am Tag Sand herein, und da die Strömung bei Ebbe oft geringer ist, bleiben Tang und Schlamm zurück. Der Boden wird weich, und der dunkle Schlick glitscht blaugrün zwischen den Zehen hindurch. Die unzähligen Sandhäufchen der Sandwürmer sehen aus wie aus einer Tube gedrückt, aber man braucht sich davor nicht zu ekeln. Die Sandwürmer leben im Boden, fressen den Sand mit allem, was darin ist, und filtern dann das, was ihnen zur Nahrung dient, heraus. Den Rest schieben sie zur Oberfläche hinauf. Wir wissen das von Lieke, die sich in diesen Dingen auskennt. Sie nennt die kleinen Sandgebilde »Zahnpasta-Häufchen«.

Mit Max in der Mitte schlugen wir ein gutes Tempo an. Er erzählte noch einmal, wie der Seehund am vergangenen Tag um ihn herumgeschwommen war. Es war eine spannende Geschichte, und wir wollten immer neue Einzelheiten hören.

Von fern schon hielten wir Ausschau und spähten über die Wasseroberfläche, ob wir irgendwo einen schwarzen Buckel entdecken könnten. Aber das Meer war an diesem Tag spiegelglatt. Nicht einmal Möwen flogen darüber hin, die die Ruhe hätten stören können.

Kurz darauf blieb Max stehen.

»Hier schwamm er«, sagte er, »und er tat so, als sei es sein Revier.«

Das Meer war so ruhig, daß wir deutlich die Sandbank sehen konnten, die auch bei Flut nur wenig überspült war.

Wir warfen die Bademäntel in den Sand und rannten ins Wasser. Während Max weit hinausschwamm, blieben wir in der Nähe der Sandbank und schauten

uns die Augen aus. Aber der Seehund ließ sich nicht blicken. Auch Max kam zurück, ohne daß er ihn gesehen hatte.

Natürlich waren wir mächtig enttäuscht. Aber es gab ja zum Glück noch mehr zu sehen. Einen Krabbenfischer zum Beispiel, der sein Netz einholte. Auf einmal war der Himmel voller Möwen, die kreischend über ihm kreisten. Wir fanden Wrackholz, leere Flaschen, Glühbirnen. Wenn wir auf der Insel sind, werden wir die reinsten Strandräuber.

Ein Inselbewohner ist der Meinung, daß alles, was die See anspült, ihm gehört. Alles, was er für seine Zwecke benutzen kann, ist in seinen Augen Strandgut. In gewisser Weise zählt er wohl auch die Badegäste dazu, denn alles, was man auf der Insel kaufen kann, ist teurer als auf dem Festland. Wer das nicht einsehen will, der muß wegbleiben. So ist das eben.

Der Himmel bezog sich immer mehr. Wir fröstelten in unseren feuchten Badesachen und machten einen Dauerlauf, um uns aufzuwärmen.

Als wir auf dem Campingplatz ankamen, begann es wieder zu regnen. Und dabei blieb es tagelang. Es war zum Verzweifeln.

3. Kapitel

Es ist immer noch regnerisch, aber wir gehen trotzdem zum Strand. Erst begegnen wir dem alten Jord, und dann treffen wir auf einen großen Seehund, den wir Steven nennen.

Wieder langweilten wir uns durch einen trüben, nebligen Tag. Wir lasen, spielten Scrabble und zankten uns um jedes Wort. Wir liefen zur Post, die keine Briefe für uns hatte, und ärgerten uns, daß wir den Wassertank füllen sollten. Um ehrlich zu sein, wußten wir gar nichts mit uns anzufangen, obwohl das etwas ist, was wir sonst nicht kennen.

»Kommst du mit zum Strand?« fragte Delia am Nachmittag.

»Meinetwegen«, antwortete ich achselzuckend. Ich war nicht gerade begeistert, aber irgend etwas mußte man ja tun.

Also zogen wir die Regenjacken an und gingen los. Max hatte Tommy mit ins Dorf genommen. Lieke sagte uns nicht einmal, wann wir zum Essen zurückkommen sollten, weil sie froh war, daß wir überhaupt etwas unternahmen.

»Zum Südstrand?« fragte Delia.

»Von mir aus.«

Wir liefen durch das Dorf zum Seedeich. Die alten Kapitänshäuser mit ihren schmiedeeisernen Jahreszahlen am Giebel imponierten uns immer wieder.

1680. Kaum zu fassen! Vor dreihundert Jahren gebaut! Ein Haus hatte einen Treppengiebel und war größer und vornehmer als die anderen. Für uns bestand kein Zweifel daran, daß es einmal einem Kapitän eines Walfangschiffes gehört haben mußte. Er hatte sich von seinen Fahrten so viele Walfischkieferknochen mitgebracht, daß es für einen Zaun rund um sein Haus reichte. Gewaltige Unter- und Oberkiefer von Walen. Im Laufe der Zeit waren die Knochen morsch geworden, und von dem Zaun war außer einigen aufrecht stehenden Stümpfen nicht mehr viel übrig. Wer es nicht besser wußte, hätte denken können, daß es sich um brüchiges Holz handele. Aber es waren die Reste riesiger Walfischkiefer. Wer so etwas sieht, wundert sich gar nicht mehr, daß die Wale heute fast ausgestorben sind.

Wir schlugen den gepflasterten Weg ein, der vom Dorf zum Deich führt. An beiden Seiten blühte der Weiderich, und Delia schlug vor, Lieke einen Strauß davon mitzubringen. Wir beschlossen, ihn auf dem Rückweg zu pflücken.

Vom Deich kam uns ein Mann entgegen. Bevor er den abwärts führenden Weg einschlug, schloß er sorgfältig das Gatter, hinter dem die Schafe weideten. Er trug einen schwarzen, ausgefransten Pullover und hatte seine gestrickte Mütze tief in das verwitterte Gesicht gezogen. Steifbeinig kam er daher, seine Holzschuhe waren mit Krampen repariert. Als er stolperte, fluchte er, nahm die Holzschuhe in die Hand und lief auf seinen wollenen Socken weiter.

»Das ist Jord, der alte Jord«, flüsterte Delia. »Was er

hier wohl macht? Lieke sagt, daß er sich nie mehr draußen sehen läßt.«

»Warum flüsterst du?« fragte ich ärgerlich.

Immer dieses geheimnisvolle Geschwätz über Jord. Blöd!

»Er ist ein völlig normaler alter Mann, der keiner Fliege etwas zuleide tut. Er wohnt hier. Wir sagen ganz einfach guten Tag.«

Delia erwiderte, daß sie keine Lust hätte, weggejagt zu werden.

»Er mag keine Fremden.«

»Stell dich nicht an«, brummte ich. »Wir sind doch gar keine Fremden. Wir waren schon als Babys mit Max und Lieke auf der Insel. Und seitdem sind wir jeden Sommer hier. Jord kennt uns ganz genau.«

Der alte Jord ist sein Leben lang Fischer gewesen. Er kann sich noch immer nicht damit abfinden, daß er jetzt zu alt ist, um mit hinauszufahren. Sein Ruderboot hat er behalten. Das liegt kieloben am Strand und gibt ihm wenigstens das Gefühl, daß er jederzeit aufs Meer könnte, wenn er wollte.

Seinen alten Fischkutter hat er schon vor einer Weile günstig an Badegäste verkaufen können. Er scheint eine Menge Geld dafür bekommen zu haben. Im Dorf flüstert man, daß er große Ersparnisse hätte. Einige Bewohner behaupten, sie hätten gesehen, wie er abends am Tisch saß und sein Geld zählte. Viele, viele Scheine!

Nachdem dieser Klatsch im Dorf die Runde gemacht hat, hält Jord Tag und Nacht seine Läden geschlossen und geht allen Menschen aus dem Weg. Ihm genügt die Gesellschaft seiner Katze.

»Tag, Jord«, sagten wir.

»Macht, daß ihr wegkommt«, erwiderte er und drehte sich um.

Wir kletterten über den Deichzaun. Vor uns lag das Watt, verlassen und feuchtkalt unter tiefhängenden Wolken.

»Sieh mal, da!« rief ich. »Jetzt weißt du, warum Jord hier war. Er hat nur sein Ruderboot geteert.«

Wir liefen um das kleine Boot herum. Der Geruch von frischem Teer kitzelte in der Nase.

»Hast du eigentlich Lust, weiterzugehen, Jun?« fragte Delia.

»Überhaupt nicht«, bekannte ich. »Aber ich finde es auch nicht besser, wieder im Wohnwagen herumzusitzen.«

Der Himmel war grau, der Strand sah trostlos aus. Wir liefen ein gutes Stück nach Osten, weil es uns so vorkam, als wäre der Himmel dort heller.

Nach einer Weile machte sogar die Sonne einen schüchternen Versuch, durchzubrechen. Seltsam ist das. Wenn die Sonne scheint, läuft man auf einmal viel leichter.

Ich zog den Reißverschluß meiner Jacke etwas auf und schüttelte mein Haar. Delia machte es mir nach. Wir lachten uns an.

In der Nähe der Ostspitze bildet sich immer bei Ebbe ein kleiner See. »Die Bucht« nennen die Inselbewohner diese Stelle. Bei Flut wird sie völlig überspült, und man sieht überhaupt nicht mehr, daß es den See gibt.

Aber wenn dieser Teil des Strandes wieder zum Vorschein kommt, dann ist er ein Paradies. Etwas Wasser bleibt immer zurück, und rundum wächst eine eigene Welt von Salzpflanzen: die Strandmelde mit ihren beinahe roten Stengeln, der gelbgrüne schuppige Queller, die Strandaster.

Wir hatten die Bucht schon hinter uns gelassen, als wir beide zur gleichen Zeit stocksteif stehenblieben. Ich bemerkte, daß Delia genau wie ich den Atem anhielt.

Wir standen vor einem schmalen, von der Flut ausgespülten Priel, aus dem noch etwas Wasser mit kleinen Kräuselwellen zurückströmte. Unsere Augen folgten dem Wasserlauf, denn da, dicht vor uns, auf dem schräg abfallenden Streifen Strand, der schon trockengelaufen war, lag ein großer Seehund. Wir waren ihm so nahe, daß wir die hellen Flecken auf seinem dunklen Fell genau erkennen konnten. Er schaute uns an, rührte sich aber nicht.

Fast ohne die Lippen zu bewegen, wisperte ich: »Schritt für Schritt rückwärts schleichen!«

Dicht aneinandergedrängt schoben wir uns aus seiner unmittelbaren Nähe.

Er folgte uns mit seinem Blick. Wie schon damals in Pieterburen, fielen mir die seltsamen Augen auf: nicht klar, sondern eher wie beschlagene Linsen eines Fernglases.

Daß wir ihm den Weg zum Meer abschneiden könnten, schien er nicht zu befürchten. Das merkte man ihm an. Er war weder ängstlich noch aggressiv. Und als er einen Augenblick lang seine Zähne zeigte, dieses furchterregende Gebiß, sah das gar nicht bedrohlich aus, sondern eher, als ob er lache.

Der Seehund wartete, bis wir in sicherem Abstand waren, und hob dann den Kopf. Die Sonne, die inzwischen die Wolken völlig verdrängt hatte, schien auf sein Fell, das matt glänzte wie geputztes Zinn und auch die gleiche blaugraue Farbe hatte. Noch immer blieb er unbeweglich liegen. Wir gingen wieder ein paar Schritte zurück und setzten uns in die Hocke.

Es schien ihn zu beruhigen, daß wir nun nicht mehr größer waren als er selbst, denn er bewegte sich etwas und wirkte nicht mehr so gespannt. Vertraute er uns? Oder besiegte die Neugier seine Zurückhaltung? Es schien, als müsse er seine Möglichkeiten abwägen. Er schaute kurz zum Wasser hinüber, als ob er die Entfernung abschätze. Es konnte ihm nicht viel passieren, das spürte er wohl.

Trotzdem behielt er uns im Blickfeld. Sich umzudrehen und vorwärts ins Meer zu robben, war riskant. Dann würde er uns aus den Augen verlieren, und das schien ihm nicht ratsam. Sein Instinkt warnte ihn. Mit Menschen konnte ein Seehund nicht vorsichtig genug sein.

Plötzlich warf er sich herum und robbte dem Meer entgegen. Dabei spuckte er fortwährend Wasser aus. Wahrscheinlich wollte er auf diese Weise seinen Weg über den Sand geschmeidiger machen. Die letzten Meter legte er ohne Mühe zurück, dann schwamm er wieder in seinem Element. Er verschwand unter der Oberfläche, und sosehr wir auch Ausschau hielten, wir sahen ihn nicht mehr.

Vor lauter Aufregung begannen wir beide zu lachen. »Ob es derselbe Seehund war, den Max gesehen hat?« fragte Delia. »Dirk, der aus Frau Lenies Aufzuchtstation, kann es aber nicht gewesen sein. Die orangefarbene Markierung hätten wir erkennen müssen.«

Wir rannten zum Campingplatz, um es allen zu erzählen.

»Es war bestimmt mein Seehund!« rief Max. »Und nachdem er euch nun so dicht an sich herangelassen hat, ohne daß ihm dabei etwas geschehen ist, halte ich es für möglich, daß er öfter kommt.«

Natürlich mußten wir es auch Eileen gleich erzählen. Sie schlug vor, dem Seehund einen Namen zu geben. Vielleicht Steven? Wir fanden, daß das gut klang. Steven, der Seehund.

Wir verabredeten, am folgenden Tag zu dritt wieder ans Wattenmeer zu gehen und nachzuschauen, ob er da wäre. Aber wir hatten kein Glück.

Von nun an warteten wir Tag für Tag auf ihn. Sogar bei sonnigem Wetter wagten wir nicht, an den Nordstrand zu gehen, weil wir befürchteten, daß er sich ausgerechnet an dem Tag sehen lassen könnte. Aber so geduldig wir auch Ausschau hielten, nie sahen wir einen Seehundkopf aus dem Meer auftauchen, nie einen schwarzen Buckel auf dem Watt.

Erst als wir die Hoffnung ganz verloren hatten und wieder anfingen, mit den anderen Kindern wie sonst am Strand zu toben, da geschah es dann doch.

4. Kapitel

Wir wollen Steven wiedersehen, aber zuerst müssen wir uns um unseren Hund Tommy kümmern. Als wir dann endlich am Strand sind, verjagt uns Jord.

Wir hatten am Nordstrand so lange gebadet, bis der Bademeister um zwölf Uhr die Fahne einholte. Die Zeit, in der man hier gefahrlos schwimmen konnte, war um. Das Wasser ging schnell zurück, und niemand wagte sich mehr hinaus. Die Leute wissen allmählich, daß es lebensgefährlich ist, bei Ebbe noch in der Nordsee zu baden.

»Wollen wir noch einmal nachsehen?« fragte Delia.

Ich hatte natürlich Lust, weil ich hoffte, unserem Seehund doch noch zu begegnen, und sei es nur ein einziges Mal. Im Moment zog es mich allerdings mehr zum Campingplatz. Es sollte Spaghetti zum Mittagessen geben, und ich hatte mächtigen Hunger nach dem Schwimmen.

Gleich nach dem Essen wollten wir wieder los, um zur Bucht zu gehen. Aber es kam anders.

Max und Lieke lagen auf der Wiese und lasen. Tommy hatte sich im Schatten unter einem Baum ausgestreckt. Als er merkte, daß wir weg wollten, bettelte er, ob er mitdürfe. Wir wollten schon ja sagen, als sich Lieke seufzend erbot, später mit ihm spazierenzugehen. Sie ist der Ansicht, daß Hunde und Seehunde sich nicht besonders gut leiden können.

»Tommy, ich weiß, daß wir dich vernachlässigt haben«, sagte ich schuldbewußt. »Das nächste Mal nehmen wir dich ganz bestimmt mit.«

Er verstand uns. Geknickt legte er den Kopf zwischen die Vorderpfoten und sah uns traurig an. Man merkte richtig, wie leid er sich tat.

Wir waren wirklich froh, daß Lieke sich seiner annehmen wollte. Schon als wir den kleinen Welpen bekamen, hatte sie gewußt, daß es so kommen würde, und in der vergangenen Woche waren wir verschiedentlich daran erinnert worden.

»Max ist den ganzen Tag nicht zu Hause«, hatte sie damals gesagt. »Und ihr werdet bald das Interesse an dem kleinen Kerl verlieren. Am Ende wird es an mir hängenbleiben, für ihn zu sorgen und mit ihm spazierenzugehen!«

Natürlich hatten wir nie das Interesse an ihm verloren, keine Rede! Aber manchmal hatten wir wirklich wenig Lust, uns um ihn zu kümmern. Und heute mußten wir doch noch ein einziges Mal nach Steven Ausschau halten! Tommy verdrehte die Augen, bis nur noch das Weiße zu sehen war, und winselte vor Enttäuschung.

Da mischte sich Max ein. Er warf uns vor, daß wir Liekes Langmut und den Gehorsam des Hundes ausnützten. Der Hund leide darunter. Wir sollten uns nur einmal sein Fell ansehen. Ja, kahle Flecken habe er am Kopf.

»Er kratzt sich oft hinter den Ohren, als ob er Flöhe

hätte. Dabei ist es nur ein Zeichen dafür, daß er sich langweilt. Gestern habt ihr ihn sogar festgebunden, einen lebhaften Hund wie Tommy! Ich kann gut verstehen, daß ihr euch für den Seehund interessiert. Aber wenn ihr darüber das eigene Tier vernachlässigt, dann ist eure Tierliebe nicht viel wert.«

Er hatte ja recht, und wir gaben uns alle Mühe, unseren Fehler wiedergutzumachen. Wir rannten mit Tommy über den Strand, versteckten ihm einen Knochen, den er dann finden und ausgraben mußte. Wir jagten ihn durch die Brandung und tobten so lange, bis er alles Wasser wieder aus dem Fell geschüttelt hatte. Zur Beruhigung unseres Gewissens holten wir ihm sogar Fleisch und Knochen vom Schlachter.

Als wir ihn dann wieder auf dem Campingplatz ablieferten, legte er sich zufrieden mit seinem Knochen neben Lieke, die immer noch las. Nun konnten wir endlich losgehen!

Als ob wir verabredet hätten, uns zu einer bestimmten Zeit an der Bucht zu treffen, kam Steven angeschwommen und begrüßte uns, indem er sich aufrichtete. Die Sonne zauberte silbergraue Streifen auf seinen Kopf, und das Wasser rundum spiegelte die gleichen Farben. Man konnte kaum unterscheiden, was Wasser und was Tier war, ja, man glaubte fast, daß man sich alles nur einbildete und der Seehund gar nicht da sei.

Und doch, es war keine Einbildung! Wieder und wieder tauchte er auf, einmal ganz in unserer Nähe und ein anderes Mal weiter draußen im Meer. Wir lockten ihn, und er schien uns zu locken.

Was konnten wir nur tun, um ihn an Land zu bekommen? Wenn wir ihm doch irgendein Futter hätten anbieten können! Aber das mußten wir uns aus dem Kopf schlagen. Er fing sich seinen Fisch selber.

Gerade als wir uns auf den Heimweg machen wollten, hörten wir hinter uns jemanden husten. Erschrocken drehten wir uns um. Delia kniff mich in den Arm.

»Es ist Jord«, flüsterte sie mit fliegendem Atem.

»Na und?« fragte ich.

Sie brauchte sich doch vor einem alten Mann nicht zu fürchten. Aber als ich ihn näher kommen sah, bekam ich selber Angst.

Drohend lief er auf uns zu.

»Was macht ihr hier?« schrie er.

Normalerweise hätte ich gesagt, daß ihn das nichts anginge und daß der Strand genauso für uns da sei wie für ihn. Als er aber vor mir stand und mich ansah, begann ich zu stottern.

»Ni ... ni ... nichts.«

»Dann macht, daß ihr wegkommt! Ihr habt hier nichts zu suchen.«

Ich wurde plötzlich mutig, nur einen Augenblick lang.

»Es ist jedem erlaubt, sich am Strand aufzuhalten«, sagte ich.

Delia zog mich am Ärmel. »Laß ihn, Jun. Komm mit!«

Der alte Mann stand so dicht vor mir, daß ich seine

Bartstoppeln zählen konnte. Wütend schüttelte er beide Fäuste vor meinem Gesicht.

»Hier gibt es nichts zu sehen! Fort! Wenn ihr nicht gleich macht, daß ihr wegkommt, dann werde ich euch ...«

Was er mit uns machen wollte, ging in einem schlimmen Hustenanfall unter, den wir benutzten, um uns aus dem Staube zu machen. Wir rannten auf den Deich zu. Jord kam hinter uns her, aber wir waren schneller.

Neben seinem Ruderboot verpusteten wir einen Moment. Aber bevor er uns erreicht hatte, waren wir schon wieder weg.

Während der Verschnaufpause hatte ich etwas neben dem Boot entdeckt. Ich zeigte darauf und konnte kein Wort herausbringen. Da lag ein Gewehr! Es war kein altes, angespültes Ding, sondern ein gut gepflegtes Gewehr mit einem glänzenden Lauf. In den Kolben waren zwei Buchstaben geschnitzt: ein doppeltes J.

Wir mußten so schnell wie möglich sehen, daß wir weiterkamen. Halb stolpernd, halb kriechend kletterten wir den Deich hinauf. Abwechselnd halfen wir einander. Einmal zog ich Delia, dann wieder gab sie mir die Hand. Ganz außer Atem erreichten wir die Pforte.

In der Ferne hörten wir einen Schuß. Das Echo hallte über den Strand. Kreischend flogen die Möwen auf.

Es konnte nicht anders sein: Jord hatte auf Steven geschossen, auf unseren Seehund! Wir rannten weiter. Den Weiderich, den wir für Lieke hatten pflücken wollen, sahen wir nicht mehr.

Zu Hause begann Delia zu weinen. Ich selbst keuchte noch vor Schrecken und Anstrengung.

Max wollte uns kaum glauben, als wir schließlich alles erzählten. Er beschloß, Jord noch am selben Abend aufzusuchen.

5. Kapitel

Zusammen mit Max besuchen wir Jord, der über Seehunde anders denkt als wir.

Im Dorf wurde erzählt, daß Jord beabsichtigte, in ein Altersheim zu gehen. Sein kleines Haus sei zu verkaufen, sagten die Leute und grinsten. Er würde natürlich nie und nimmer einen Käufer finden. Wer zog schon in eine so elende Kate? Höchstens irgendein Fremder, der sie als Ferienhaus benutzen wollte. Aber dann mußte erst noch viel Geld hineingesteckt werden. Es gab ja nicht einmal eine Toilette mit Wasserspülung.

Max hielt das alles nur für Klatsch. Er kannte Jord schon viele Jahre lang, und für ihn gab es keinen Menschen auf der ganzen Welt, dem seine Freiheit so viel galt wie gerade Jord.

Nach dem Abendessen fragte uns Max, ob wir mitgehen wollten. Ich hatte Lust, aber Delia wollte nicht mit nach allem, was am Nachmittag geschehen war.

Wir trafen Jord hinter dem Haus im Gemüsegarten an. Er zog sich seine Kartoffeln, seine Zwiebeln und Bohnen selbst. Für die Eier hielt er sich Hühner, und viel mehr brauchte er nicht.

Er war offensichtlich erfreut, als er uns sah. Nichts erinnerte an den wütenden alten Mann vom Strand.

»Max, Junge, das ist ja nett!«

Er wischte sich den Schweiß mit dem Ärmel von der Stirn und seufzte. »Die Landarbeit ist nichts für einen Seemann«, brummte er und reckte den schmerzenden Rücken.

Als wir in die halbdunkle Stube traten, fiel mein Blick als erstes auf das Gewehr. Es hing an der Wand. Und es war dasselbe Gewehr, das ich bei seinem Ruderboot gesehen und das er auf Steven abgefeuert hatte. Der Lauf glänzte. Ich konnte die beiden verflochtenen J deutlich erkennen.

Jord fragte: »Ist das dein Sohn? Du hattest doch zwei gleiche?«

Erkannte er mich wirklich nicht, oder fand er es klüger, so zu tun?

»Daß du das weißt!« staunte Max. »Ja, Jun ist die Hälfte eines Zwillingspaares, die andere Hälfte ist auf dem Campingplatz geblieben.«

»Ein Mädchen, nicht wahr?« erinnerte sich Jord.

Max bekam einen Stuhl, und ich durfte mich auf eine kleine hölzerne Bank setzen.

In einem Weidenkörbchen lag eine grau und schwarz gestreifte Katze. Sie reckte sich und kam langsam auf mich zu. Dann versuchte sie, auf meine Knie zu springen, aber das mißglückte.

»Sie heißt Dickie«, sagte Jord. »Eigentlich liebt sie Fremde nicht, genau wie ihr Herr. Aber dich mag sie, das sehe ich ihr an, und darauf kannst du stolz sein.«

»Aber Jord, wir sind doch keine Fremden!«

»Ja, das ist wahr. Na, dann heb sie mal herauf. Das Springen glückt ihr nicht mehr. Dafür ist sie zu alt.«

Ich streichelte die Katze, kraulte sie über der Nase,

und sie begann sofort zu schnurren. Katzen habe ich sonst nicht so gern, aber diese fand ich ganz nett.

»Wie alt ist sie?« fragte ich.

»Sehr alt«, antwortete Jord. »So ungefähr zwanzig Jahre. Genau weiß ich es nicht. Ich fand sie auf einer Insel im Bottnischen Meerbusen ...« Er schüttelte den Kopf. »Es kann auch bei Lappland gewesen sein. Wir waren da auf Robbenfang. Ja, ja! Das war die gute alte Zeit, als noch eine anständige Prämie für einen Seehund gezahlt wurde. Dickie, die damals noch ein kleines Kätzchen war, ist wahrscheinlich von einem Fischer auf der Insel zurückgelassen worden. Sie war sehr verwildert, und ich habe es nicht leicht mit ihr gehabt. Es dauerte lange, bis sie sauber war und nicht mehr kratzte und biß. Inzwischen sind wir gute Freunde geworden, nicht wahr, Dickie? Sie ist alt, aber es fehlt ihr nichts. Nur«, der alte Mann hob die Schultern, »sie ist eben nicht mehr die schnellste. Aber das bin ich ja selbst auch nicht. Was meinst du, Dickie? Ich finde, wir passen gut zueinander.«

Ich wußte überhaupt nicht mehr, was ich denken sollte. Einerseits sprach Jord von der guten alten Zeit, in der noch Prämien für das Abschießen von Seehunden gezahlt wurden. Erst heute nachmittag hatte er uns bedroht, als wir ihn wahrscheinlich beim Schießen überrascht hatten. Andererseits brachte er einer alten Katze so viel Wärme und Zärtlichkeit entgegen. Und mit mir redete er, als wären wir die besten Freunde.

Max fragte: »Wie geht es dir? Was macht die Gesundheit?«

Jords Antwort klang mürrisch. Er kniff die Augen

zusammen. Ein mißtrauischer Ausdruck lag auf seinem runzligen Gesicht.

»Wieso? Warum fragst du?«

»Weil ich es gern wissen möchte.«

»So, na ja. Ich dachte schon, du hörst auch auf das Geklatsche. Daß ich es nicht mehr allein schaffe und in ein Altersheim muß. Nichts da! Ich wohne hier und werde auch hier bleiben.«

»Ja, ich habe tatsächlich davon gehört«, gab Max zu. »Und ich befürchtete, daß es dir wirklich nicht gutgeht. So jung bist du ja nun auch nicht mehr.«

»Im nächsten Jahr werde ich fünfundachtzig«, sagte Jord. Ich fragte mich, warum er uns das erzählte.

»Wenn man so alt ist, läßt doch manches nach. Der Doktor ist mit meinen Lungen nicht zufrieden. Manchmal leide ich an Atemnot, und den Husten werde ich gar nicht mehr los.«

Max äußerte vorsichtig, er fände den Gedanken an ein Altersheim gar nicht so schlecht. Schließlich könne Jord dort sein Leben noch ein bißchen genießen und andere für sich arbeiten lassen. Das Heim solle ausgezeichnet sein, hatte er gehört. Gemütliche Zimmer mit Blick aufs Meer.

»Ja, ja, alles gut und schön. Aber ich gehe nicht dahin. Basta!«

Jord zündete seine Pfeife an und schob Max den Tabak hinüber. Dieser reichte ihn zurück.

»Ich rauche nicht, Jord.«

»Vernünftig, sehr vernünftig. Dann wirst du auch nicht am Husten eingehen wie ich. Aber irgend etwas braucht der Mensch.«

Er drückte den Tabak in den Pfeifenkopf und sog die Flamme eines Streichholzes hinein. Nachdem er ein wenig geröchelt und gehüstelt hatte, wurde es still in dem kleinen Raum.

»Haben Sie vor kurzem Ihr Boot geteert?« fragte ich. Langsam wurde ich wütend. Jord tat, als sehe er mich in diesem Sommer zum erstenmal, und Max unterhielt sich gemütlich mit ihm, als wäre überhaupt nichts passiert.

Jord nickte. »Man muß seine Sachen gut pflegen, sonst bleibt nichts davon übrig. Ob ich allerdings noch jemals auf das Meer hinausrudern werde, weiß ich nicht. Ich fische schon lange nicht mehr. Nur so ein bißchen zu meiner eigenen Freude. Bei Niedrigwasser lege ich ab und an auch mal ein Netz aus.«

»Und fangen Sie auch etwas?«

»Das ist kaum der Rede wert. Wir haben nicht mehr viel Fisch in dieser Gegend. Und seitdem die Seehunde wieder zunehmen, wird es noch weniger. Dies Gesindel!«

Nun erzählt er sicher gleich, daß er auf Steven geschossen hat, dachte ich. Jord kniff ein Auge zu und sah mich mit dem anderen nicht gerade freundlich an. In dem Moment wußte ich, daß er mich erkannt hatte.

»Bist du vielleicht auch so einer, der mit Transparenten herumläuft und für die Rettung aller möglichen Tiere demonstriert?« Er lachte höhnisch.

Ich sah hilfesuchend zu Max hinüber, der eine beschwichtigende Handbewegung machte. »Für bedrohte Tierarten würde ich das tun«, erklärte ich sehr bestimmt. Mit Max neben mir fühlte ich mich stark.

»Für uns ist noch niemand mit Transparenten herumgelaufen«, sagte Jord. »Ein Fischer ist eine bedrohte Menschenart, mein Junge. Als wir vom Seehund bedroht wurden, kümmerte sich kein Mensch um uns. Einen Fischgrund nach dem anderen haben sie uns weggenommen. Sie rissen unsere Netze kaputt und vertrieben die Fischschwärme, auf die wir angewiesen waren. Wo Robben und Braunfische jagten, blieb für uns nichts übrig. Dann kamen wir ohne Fang nach Hause und verdienten keinen Pfennig. Was glaubst du denn! Kein Fischer tötet einen Seehund, wenn es nicht nötig ist, aber der Mensch kann sich nicht von einem Tier das tägliche Brot rauben lassen!«

»Die Zeiten haben sich geändert, Jord«, sagte Max ruhig. »Du würdest doch wohl heute nicht mehr auf einen Seehund schießen?«

Mißtrauisch sah der alte Mann zu mir herüber.

»Natürlich, jederzeit!« platzte er heraus. »Ich komme ja heute nicht mehr viel aufs Wasser, aber die jungen Fischer haben noch immer unter der Bande zu leiden. Je mehr vernichtet werden, desto besser.«

Das ging zu weit! »Haben die Seehunde vielleicht kein Recht zu leben?« fuhr ich auf.

»Die Menschen sind wichtiger als die Tiere.«

Mir fiel nichts ein, was ich hätte erwidern können. Wie sollte ich ihm klarmachen, daß es nicht um den einen *oder* den anderen, sondern um den einen *und* den anderen ging? Es war schwer, die richtigen Worte zu finden.

»Die Seehunde stehen unter Naturschutz«, sagte ich. »Es darf nicht mehr auf sie geschossen werden.«

Jord schnaubte. »Es gibt so vieles, was nicht erlaubt ist. Die Leute, die das Sagen haben, wissen gar nicht, was sie sich alles einfallen lassen sollen, um uns etwas vorzuschreiben. Alles und jedes ist heutzutage verboten.«

Er stand auf und nahm die Katze von meinem Schoß. Mit Dickie auf dem Arm lief er durch das Zimmer und redete auf sie ein, als ob sie ein kleines Kind wäre. »Darum wird dein Herrchen auch nicht in das Altersheim gehen, meine Dickie. Weil sie einem dort alles verbieten. Hab nur keine Angst. Da darf man keine Katzen mitbringen, und darum bleiben wir beide hier, nicht wahr?«

Dann legte er Dickie behutsam in ihr Körbchen.

»Verdammt noch mal«, sagte er.

Max machte nur ein Zeichen, und wir gingen, ohne daß es der alte Mann bemerkte.

Ich war noch immer so aufgeregt, daß ich kaum reden konnte. »Warum fragst du ihn nicht nach dem Schuß?« fuhr ich Max an. »Und weshalb er Delia und mir gedroht hat?«

Max sah mich an und sagte langsam: »Jord tut mir leid. Und ich glaube nicht, daß er auf einen Seehund geschossen hat.«

6. Kapitel

Wir wollen näher an Steven herankommen, und Delia hat eine prima Idee. Steven läßt sich von mir streicheln!

Mitten in der Nacht rüttelte Delia mich wach. Seitdem das Regenwetter vorbei war, schliefen wir in unserem Zelt neben dem Wohnwagen. »Jun, ich habe mir etwas ausgedacht.«

Ich war so schlaftrunken, daß mir die Augenlider immer wieder zufielen.

»Hör doch mal«, bohrte sie weiter.

Mit einem Seufzer setzte ich mich auf. Sie hatte wohl etwas Besonderes auf dem Herzen, wenn sie es ausgerechnet um diese Zeit loswerden mußte.

»Es geht um Steven«, begann sie. »Wir müssen rauskriegen, ob er verletzt ist, ob Jord auf ihn geschossen hat. Aber der haut immer ab, wenn er uns sieht. Doch wenn Max hinausschwimmt, dann bleibt er neben ihm und kommt so dicht heran, daß Max ihn anfassen kann.«

»In Max sieht er einen Artgenossen«, sagte ich. »Er vertraut ihm, weil sich Max genau wie er selbst im Wasser vorwärtsbewegt.«

Delia nickte heftig und setzte sich ganz dicht neben mich.

»Siehst du, darüber habe ich nun gerade nachgedacht. Wenn wir am Strand laufen, sind wir seltsame

Wesen für ihn. Da weiß er nicht, ob er uns vertrauen kann.«

»Aber wir können uns doch unmöglich als Seehunde verkleiden«, sagte ich.

»Doch! Das werde ich dir gleich beweisen.«

Sie nahm ihren Schlafsack und kehrte die Innenseite nach außen. Dann kroch sie hinein, zog die Kapuze über den Kopf und schloß den Reißverschluß bis unter die Arme.

»Hier, nimm mal!« Sie drückte mir ein Stück Wäscheleine in die Hand. »Nun wickele mich so fest ein, wie du kannst. Mach schon, guck nicht so dumm! Zuerst die Fußgelenke, dann sind meine Füße die Hinterbeine.«

Inzwischen war ich hellwach und begann Spaß an der Sache zu bekommen. Der Schlafsack war mit einem grauen Innenfutter versehen. Ich schnürte die Leine fest um ihren Körper, bis Delia fast wie eine Mumie aussah.

»Mumien bewegen die Vorderbeine nicht«, kicherte sie, als ich ihr von meinem Eindruck erzählte.

Als ich sie hineingeschnürt hatte, hüpfte sie im Zelt herum, als ob sie sich beim Schulfest am Sackhüpfen beteiligte. Sie bewegte ihre Arme wie Steuerflossen. Es war verblüffend. Wenn ich ein Seehund gewesen wäre, hätte ich sie für meinesgleichen gehalten.

»Piept ein Seehund eigentlich, oder bellt er?«

Sie machte ein komisches Geräusch, das halb wie das Quaken eines Frosches, halb wie das Bellen eines erkälteten Hundes klang. Vor der Tür schlug Tommy an.

»Mund halten! Schlafen!« rief Lieke aus dem Wohnwagenfenster.

Am folgenden Morgen gab es ein böses Donnerwetter. Was war uns eingefallen, mitten in der Nacht einen derartigen Krach zu machen? Wir hatten wohl den Verstand verloren! Auf dem Campingplatz mußte schließlich jeder auf den anderen Rücksicht nehmen.

Trotz allem hielten wir unsere Pläne vorläufig noch geheim. Wir wollten die Sache erst einmal ausprobieren. Der Schlafsack mußte noch mit runden Papierflecken beklebt werden, um ihn dem Seehundfell anzugleichen. Ich war damit einverstanden, daß Delia als erste eingerollt am Strand liegen sollte, denn schließlich war es ihre Idee gewesen. Gleich zwei dieser seltsamen Wesen auftauchen zu lassen, erschien uns weniger gut. Das könnte Steven erschrekken. Außerdem war mein Schlafsack von innen und außen rot.

In den frühen Nachmittagsstunden machten wir uns auf den Weg. Zuvor hatten wir in einer Dünenmulde ausgiebig geübt. Wenn Delia sich auf den Bauch legte und mit den Ellenbogen abstieß, konnte sie täuschend echt vorwärtsrobben. Nur wurde es ihr natürlich schrecklich heiß dabei.

Der Gezeitenwechsel war gerade vorüber, und das Wasser fiel. Wir hatten also den ganzen Nachmittag Zeit. Noch einmal sprachen wir genau durch, wie wir es anfangen wollten. Schließlich mußte alles klar sein, bevor wir am Wattenstrand waren. Wenn Steven wirklich kam, durfte kein Wort mehr gewechselt werden.

In der Nähe des Platzes, wo der Seehund das letzte Mal gelegen hatte, würde ich Delia einwickeln. Danach wollte ich mich im Strandhafer der seitlich gelegenen Düne verstecken und von da aus alles beobachten.

Vor lauter Aufregung begannen wir zu flüstern. Ob er dasein würde? Oder ob Jord ihn doch getroffen hatte oder mit seinem Schuß so erschreckt, daß er sich nie wieder in die Nähe von Menschen wagte?

Aber dann kam alles anders, als wir es uns vorgestellt hatten. Unten am Strand der kleinen Bucht, im Windschatten der nicht allzu steil abfallenden Küste, sahen wir ihn liegen. Er nahm ein Sonnenbad, als wäre er ein Badegast. Sein Fell glänzte wie Seide, und die weißen Flecken schimmerten. Er lag mit geschlossenen Augen, schlief aber nicht, denn hin und wieder klatschte er sich so laut mit den Flossen auf den Bauch, daß wir es hören konnten.

Vorsichtig zogen wir uns zurück und kletterten außerhalb seines Gesichtsfeldes den Hang hinauf, wobei wir uns bemühten, keinerlei Geräusch zu verursachen. Im Schutze des Strandhafers schlichen wir uns näher heran.

Der zuvor gefaßte Plan mußte geändert werden. Mit Zeichen und Gebärden verständigten wir uns. Steven durfte uns gar nicht erst für Menschen halten.

Delia kroch in ihren Schlafsack, und ich schnürte sie so fest ein, daß sie nach Luft schnappte.

Aber sie sah täuschend echt aus, wirklich wie ein

richtiger Seehund. Ein Glück, daß die Jagd auf Seehunde heute verboten ist, sonst hätte ich den Jägern zurufen müssen, daß sie ein Mensch ist.

Wir sahen zu Steven hinunter. Er lag immer noch fast unbeweglich da und genoß sein Sonnenbad.

Ich rollte Delia vorsichtig bis zu der Stelle, von der aus sie sich dem Tier von oben her am besten nähern konnte. Wir nickten einander zu, und dann robbte sie los. Mit ruhigen Bewegungen schob sie sich vorwärts, wobei sie abwechselnd die Ellenbogen aufstützte und das Kinn in den Sand drückte und die »Hinterflossen« zum Vorwärtsschieben gebrauchte.

Unser Seehund zuckte sichtlich zusammen. Er öffnete die Augen. Neugier? Oder Angst? Ich weiß es nicht. Atemlos sah ich zu. Im ersten Augenblick lag er völlig bewegungslos. Nur die Nasenflügel zitterten. Dann drehte er sich langsam um, ohne Delia auch nur eine Sekunde aus dem Auge zu verlieren.

Mir kam es vor, als ob sein Hirn fieberhaft arbeitete. Was für ein seltsames Wesen ist das, schien er zu denken. Ein Artgenosse, dem man vertrauen kann? Oder etwas, vor dem man sich besser in acht nimmt? In dem Falle war es geraten, so schnell wie möglich offenes Wasser zu erreichen.

Delia machte ihre Sache großartig. Ab und zu schob sie sich ein wenig voran, dann wieder blieb sie regungslos liegen. Sie war nur noch ein paar Meter von Steven entfernt.

Aber plötzlich mußte sie niesen. Was für ein Pech! In einem Märchen würde stehen, daß der Bann gebrochen war. Mit einem Ruck drehte sich Steven um, robbte zum Wasser und war blitzschnell untergetaucht.

Wir starrten auf die Wasseroberfläche, aber er ließ sich nicht mehr sehen. Trotzdem, wir hatten richtigen Kontakt mit einem Seehund gehabt. Und Steven war unverletzt. Das hatten wir gesehen.

Zwei Tage lang warteten wir vergeblich auf ihn. Am dritten Tag lag Steven an derselben Stelle. Er schlief nicht. Mit weit geöffneten Augen schien er darauf zu warten, daß sich das merkwürdige Ereignis vom letzten Mal wiederholte.

Jetzt war ich an der Reihe. Delia wickelte mich auf die gleiche Weise ein, auf die ich sie verschnürt hatte, nur noch strammer, glaube ich, denn ich erstickte beinahe.

Als sie fertig war, zog sie mich an den Rand der Düne und schob mich ein wenig an. Ich hatte zu Hause so lange geübt, bis ich mich im Schlafsack ebenso geschickt fortbewegen konnte wie sie. Nun ließ ich mich vom Abhang auf den Strand gleiten.

Steven hatte mich sofort entdeckt. Er verfolgte jede meiner Bewegungen.

Ich bekam Sand in den Mund und spuckte fortwährend, um ihn wieder loszuwerden. Natürlich hatte ich Angst, daß ihn das erschrecken könnte, aber die Wirkung war völlig entgegengesetzt. Mein Spucken schien ihm Vertrauen einzuflößen. Ich erinnerte mich plötzlich daran, daß auch er bei unserer ersten Begegnung dauernd gespuckt hatte, während er ins Wasser floh.

Ich war schweißgebadet und blieb einen Moment liegen, um zu verpusten. Sofort hob Steven den Kopf. Was hatte ich vor?

Ich verhielt mich mäuschenstill. Dann zog ich die Fußspitzen an, stützte mich mit den »Hinterflossen« ab und schob mich näher heran. Plötzlich folgte er meinem Beispiel. Mit einem Schwung kam er so nahe heran, daß unsere Köpfe in gleicher Höhe waren. Nicht die geringste Spur von Furcht lag in seinen Augen. Er hielt den Kopf ein wenig schief, so wie ich es oft bei Tommy gesehen habe, wenn er unsere Pläne nicht so ganz durchschaut.

Sollte ich es wagen, noch näher heranzurobben? Angst hatte ich nicht. Es konnte auf der ganzen Welt kein freundlicheres Wesen geben als ihn. Als wollte er mich zum Spielen auffordern, schlug er mit den Flossen und ließ ein knurrendes Geräusch hören.

Ich machte es ihm so gut wie möglich nach. Wenn es mir nur gelang, sein Vertrauen zu gewinnen und ihn für eine Weile zu fesseln! Ich knurrte und piepte noch einmal, bevor ich mich wieder etwas vorwärtsschob. Obwohl ich Delias Blick zu fühlen glaubte, wagte ich es nicht, mich nach ihr umzuschauen.

Mein Herz schlug mir nun doch bis zum Hals. Das Atmen fiel mir schwer, und so schluckte ich erst einige Male, bevor ich Steven so ansprach, wie ich es bei Lieke in Pieterburen gehört hatte.

»Na, Steven, liegst du schön warm in der Sonne?« Ich imitierte ihre Stimme.

Er antwortete mit einem kurzen Bellen, das ich zwar

nicht nachmachen konnte, aber mein Leben lang nicht vergessen werde.

Das Unglaubliche war geschehen. Ich lag neben einem Seehund am Strand, und wir redeten miteinander.

Sehr vorsichtig, fast ohne mich zu bewegen, streckte ich meine Hand nach ihm aus. Er hob den Kopf und sah mich mit klugen Augen an. Ich begriff, daß er mir weit überlegen war. Ihm fiel es nicht schwer, sich zu bewegen. In kürzester Zeit konnte er wieder im Meer sein, wenn er wollte. Mir aber machte jede Bewegung viel Mühe. Ich war ihm nicht gewachsen. Das schien er zu spüren.

»Du bist brav«, sagte ich. »Brav.«

Das sind die gleichen Worte, mit denen ich Tommy anspreche, wenn er sich für eine Weile neben mich legt und ich ihn hinter den Ohren kraule.

Es ist nichts Besonderes, ein Haustier zu streicheln, aber kaum ein frei lebendes Tier läßt derartige Liebkosungen zu. Jords Dickie streicht gern an menschlichen Beinen entlang, um ihre Anhänglichkeit zu beweisen. Und Tommy leckt einem manchmal ganz unvermutet über das Gesicht, als wollte er sagen: Ich hab dich unheimlich gern.

Auf welche Art würde unser Seehund zeigen, daß er mir vertraute?

Leise sprach ich auf ihn ein.

»Ich bin dein Freund«, sagte ich. »Laß mich näher kommen. Wie schön du bist!«

Dann legte ich meine Hand dicht neben seine Vorderflosse. Und unmittelbar darauf klatschte er mir seine Flosse auf die Hand. Das war ein ganz schönes Gewicht. Er stöhnte und piepte, und ich antwortete ebenso. Sein Atem roch nach Fisch und Salzwasser. Seine Haut war warm und hart.

Ich war selig. Mit der anderen Hand streichelte ich seine Brust und seinen Kopf, und er ließ es geschehen. Ich wollte ihn auch wie Tommy hinter den Ohren kraulen, aber das war nicht möglich, denn Ohrmuscheln hatte er nicht.

Als er ein paarmal mit den Hinterflossen in den Sand schlug, nahm ich es für einen Ausdruck seiner Freude. Ich habe eben mehr Erfahrung mit Hunden als mit Seehunden und konnte mir eigentlich nur vorstellen, daß diese Gebärde dem Wedeln des Schwanzes entsprach.

Seine Schnauze glich einem kleinen Ball mit einem borstigen Schnurrbart. Ein verspielter Ausdruck lag in seinen Augen. Es sah sehr drollig aus, als er nach einer Fliege schnappte, die ihm ums Maul flog.

Kurz darauf schien er wieder ernst und auf der Hut zu sein. Erinnerte er sich an irgendein schlimmes Erlebnis? An einen Kampf auf Leben und Tod mit einem Schwertwal, von dem er vielleicht die tiefe Narbe an der linken Flanke zurückbehalten hatte? Die Narbe konnte ich fast berühren.

Oder dachte er an eine Begegnung mit Robbenjägern, denen er möglicherweise durch eben diese Narbe entkommen war? »Laßt ihn schwimmen, den Grauen da!« mochten sie gerufen haben. »So ein Fell ist doch keinen Pfifferling wert.«

Was ging in seinem Kopf vor? Hatte er noch immer

nicht gelernt, vorsichtig zu sein? Was veranlaßte ihn, mit mir anzubändeln? Bevor er Argwohn hegte, mußte ich etwas tun. Aber was?

Plötzlich bekamen seine Augen einen erstaunten Ausdruck. Interessiert sah er sich um.

Sein Gehör war besser als meines, denn erst jetzt nahm auch ich wahr, was seine Aufmerksamkeit erregt hatte: Delia sang.

Später erzählte sie mir, sie habe mal in einem alten Naturkundebuch von Lieke gelesen, daß Seehunde Musik mögen. Das sei ihr plötzlich eingefallen.

Als wir wieder zu Hause waren, haben wir das Buch rausgesucht und die Stelle nachgelesen.

»Schon die Alten wußten«, stand da, »daß der Seehund Musik und Gesang liebt. Wie neuere Beobachter erfuhren, lauscht er mit Teilnahme Glockenklängen oder anderen lauten Tönen. Es ist häufig beobachtet worden, daß Seehunde ihre Köpfe aus dem Wasser streckten und andächtig den Melodien lauschten, die Matrosen beim Aufwinden des Ankers sangen. Die Kirche von Hoy auf den Orkney-Inseln liegt in der Nähe einer kleinen sandigen Bucht, die oft von Seehunden aufgesucht wird. Offensichtlich kommen sie nicht nur wegen der Lage dieser Bucht dorthin, sondern auch wegen der Kirchenglocken, die eine besondere Anziehungskraft auf sie ausüben. Man hat oft feststellen können, daß sie beim Läuten der Glocken regelrecht auf die Küste zuschwammen, wobei ihre Augen stets dorthin gerichtet waren, wo sie die Glockenklänge vernahmen. Solange die Glocken geläutet wurden, horchten sie hingebungsvoll und verwundert.«*

Delia sang also. Das Lied kannte ich: »How deep is your love?« Vor einiger Zeit ließ sie diese Platte von früh bis spät laufen.

Steven zog seine Flosse zurück und rollte sich auf die Seite. Sein Kopf war noch immer aufmerksam gereckt. Ich rührte mich nicht, aber mein Herz klopfte wie wild. Er schob sich noch etwas näher an mich heran und legte seinen glänzenden Kopf in meine Hand. Behaglich rieb er ihn hin und her.

Ich sah, wie seine Augen feucht wurden, als ob er den Tränen nahe wäre. Bald schwammen sie in Wasser, das überquoll und ihm kurz darauf in den Bart tropfte. Die Gemütsbewegung war ihm an der Schnauze anzusehen.

Ich hielt ganz still. Wie schade, daß Delia nicht näher herankommen konnte!

Als das Lied zu Ende war, seufzte Steven tief auf. Er wartete noch einen Augenblick, aber als nichts mehr folgte, rollte er sich auf den Rücken und stöhnte. Ich tat dasselbe.

Wie lange wir so nebeneinander lagen, weiß ich nicht. Jedenfalls wurde mir immer heißer in meinem Schlafsack, auf den die Sonne brannte. Ich versuchte, mich ein bißchen herauszuarbeiten, aber Delia hatte mich zu gut eingeschnürt.

* Dr. A. E. Brehm, Abenteuer und Romantik in der Tierwelt

Schließlich hielt ich es nicht mehr aus. Ich riß an der Wäscheleine. Der Reißverschluß mußte doch zu öffnen sein!

Das wurde Steven zuviel. Im Nu drehte er sich um. Als wäre ich Luft für ihn, robbte er eilig durch den Sand davon. Kurz darauf verschwand er im Meer.

Delia kam angerannt. Sie fiel mir um den Hals, obwohl wir sonst nicht viel von Umarmungen halten.

»Es hat geklappt! Es hat geklappt!« rief sie.

»Hilf mir bitte erst hier heraus«, japste ich. »Ich ersticke!«

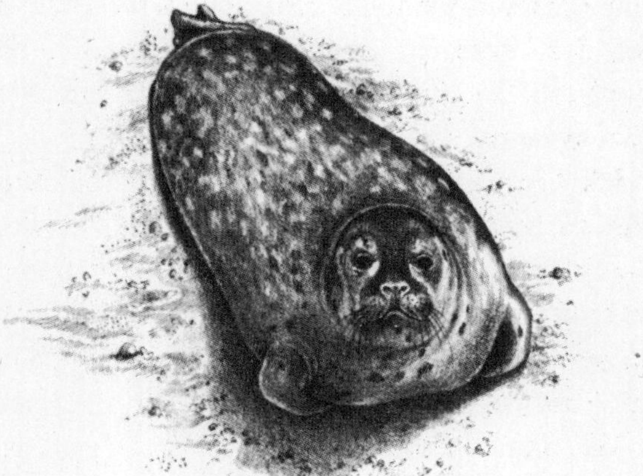

7. Kapitel

Steven vertraut uns – wir brauchen uns nicht mehr zu verkleiden. Jord will uns sein Haus verkaufen. Aber was wird aus seiner Katze?

Drei Tage nacheinander sahen wir ihn. Wir gingen jeden Nachmittag zur Bucht, und jedesmal lag er da, als hätte er auf uns gewartet.

In diesen Tagen entstand eine richtige Freundschaft zwischen uns. Da im Schlafsack immer nur einer von uns beiden bei Steven sein konnte, machten wir den Versuch, ihm ohne Verkleidung näher zu kommen. Er ließ es zu und erlaubte uns sogar, ihn anzufassen.

Hatten wir anfangs versucht, seine Laute nachzuahmen, so versuchte er bald, auch uns zu imitieren. Einmal ging Delia mit ausgestreckten Armen auf ihn zu und sagte mit ihrer sanftesten Stimme: »Komm doch her.«

Er machte nicht nur den Klang ihrer Stimme nach, sondern auch ihre Gebärde.

Am vierten Tag kamen wir zu früh. Es war bewölkt, und der Strand lag still und verlassen da. Wir gingen zu der Stelle, an der wir uns bisher immer getroffen hatten, und setzten uns. Der Sand war kalt, die Sonne schien nicht. Es dauerte endlos.

Vielleicht hätten wir uns doch wieder verkleiden sollen? Man ist so leicht geneigt, einem Tier menschliche Eigenschaften anzudichten. Wir hatten den Seehund gestreichelt und mit ihm gesprochen, er hatte die Vorderflossen aneinandergeschlagen, als ob er Beifall klatschte. Fast zu menschenähnlich.

Wir suchten mit den Augen die Wasseroberfläche ab. Ungeduldig hielten wir Ausschau, ob sein Kopf irgendwo auftauchte. Ein paarmal sahen wir etwas im Wasser, mußten aber immer wieder enttäuscht feststellen, daß es nicht Steven war. Nur eine etwas höhere Welle oder ein treibendes Stück Holz.

Entweder hatten wir ihn zu weit in der Ferne gesucht, oder er wollte uns überraschen. Auf jeden Fall tauchte er plötzlich in der Nähe des Strandes auf, dort wo es unvermutet tief wird und bei Ebbe ein Priel zurückbleibt. Zuerst erschien sein Kopf, dann kamen seine rudernden Flossen zum Vorschein und schließlich sein Rumpf. Während er den Oberkörper sacht hin und her bewegte, richtete er sich auf den hinteren Flossen auf und spähte über den Strand von Osten nach Westen. Dann sah er uns.

Er hatte keine Eile, das sichere Element zu verlassen, aber nach kurzem Zögern wagte er es dann doch. Er kam geradewegs auf uns zu. Auf halbem Wege hielt er an. War wirklich nichts zu befürchten? Dann robbte er die letzten paar Meter und ließ sich neben uns fallen.

Sein Kopf glänzte im Licht der Sonnenstrahlen, die jetzt durch die Wolken brachen. Mit freundlichen, interessierten Augen sah er uns an. Wir wären überhaupt nicht erstaunt gewesen, wenn er »Hallo, da seid ihr ja!« gesagt hätte.

Dann war noch einmal alles so wie in den vergangenen Tagen. Wir streichelten ihn, wir sangen, und er seufzte vor Wohlbehagen. Er schlug mit den Vorderflossen gegen den Leib. Neu war, daß er so tat, als wollte er nach uns schnappen. Wir sahen seine gefährlichen Zähne, vier bis fünf Zentimeter lang und unheimlich scharf. Aber wir hatten keinen Augenblick lang Angst, daß er uns beißen könnte.

Wir wußten nicht, ob es ein männlicher oder ein weiblicher Seehund war, nahmen aber an, daß er männlich sei, wahrscheinlich, weil wir ihn Steven genannt hatten.

Die ganze weitere Woche warteten wir vergebens. Steven ließ sich nicht mehr sehen. Sehnsüchtig standen wir am Strand, lockten ihn in allen Tonarten und riefen seinen Namen, aber was wir uns auch ausdachten, er kam nicht. Wir waren fast froh, daß die Ferien beinahe zu Ende waren, denn ohne Steven konnte uns die ganze Insel gestohlen bleiben. Das Baden machte uns selbst bei hohem Wellengang keinen Spaß mehr, die Spiele am Strand fanden wir doof, und das einzige, was uns noch ein bißchen interessierte, war Tommy. Er war ganz übermütig vor Freude, daß wir uns wieder mehr um ihn kümmerten, und vergab uns sofort, daß wir ihn so lange vernachlässigt hatten. Eine gute Freundschaft zerbricht nicht so leicht.

Eines schönen Tages stand Jord vor unserem Wohnwagen. Schon allein das war ungewöhnlich, denn er hatte uns noch nie besucht. Noch seltsamer war es, daß er Dickie mitbrachte. Zuerst dachten wir, daß die

Katze ihm einfach nachgelaufen sei. Aber Jord erklärte, er habe Dickie absichtlich mitgenommen.

Wir schoben ihm einen Stuhl hin. Er setzte sich und nahm die Katze auf den Schoß.

»Ganz hübsch hier«, sagte Jord, indem er sich umsah. »Aber eng. Ich will ja nichts Abfälliges sagen, aber man muß sich doch sehr behelfen in so einem Caravan.«

Lieke stieg über seine Füße, um den Tee aufzugießen.

»Wir sind eigentlich recht zufrieden mit unserem Haus auf Rädern«, sagte Max. »Wenn das Wetter gut ist, sind wir ja meist draußen. Auch haben wir einen prima Platz. Als die ältesten Camper dürfen wir immer an derselben Stelle stehen und haben hier die beste Aussicht vom ganzen Campingplatz.«

»Willst du denn niemals irgendwo anders hin?« fragte Jord.

»Das schon. Nicht etwa, weil uns die Insel langweilig geworden wäre, aber wir würden eben gern auch einmal weiter wegfahren und andere Länder sehen. Nur der Hund. Das ist die Schwierigkeit. Er könnte ja nicht mitkommen, weil es nicht viele Campingplätze gibt, wo Hunde erlaubt sind. Und Ferien ohne Tommy, das geht natürlich nicht.«

»Stimmt«, sagte Jord. »Das geht nicht.«

Er streichelte Dickie so heftig, daß sie sich unter seinen Händen krümmte.

»Und doch, dies hier ist ganz schön behelfsmäßig«, brummte er.

»Ich nehme an, daß du früher an Bord auch nicht

viel mehr Platz hattest. Um so mehr genießt man sein Zuhause, wenn man zurückkommt«, sagte Max gelassen.

Wir bekamen Tee, und Lieke rutschte neben mich auf die Bank.

»Mein Kutter hatte eine Kajüte, die halb so groß war wie dieser Raum. Aber wir waren nur zwei, mein Schiffsjunge und ich. Jeder hatte einen Schlafplatz, und mehr brauchten wir nicht.«

Er schwieg und trank schlürfend seinen Tee. Dann schob er den Becher zurück und trommelte mit den Fingern auf die Tischplatte. Er sah niemanden von uns an und begann Striche und Kreise vor sich hinzuzeichnen. Plötzlich hielt er inne. Er schnaubte und seufzte.

»Du kannst mein Haus kaufen, für nicht allzuviel Geld«, sagte er tonlos. »Es ist ein gutes Haus und ein Stück bestes Gartenland.«

Max und Lieke sahen einander an und sagten kein Wort.

Es mußte ein schwerer Entschluß für ihn gewesen sein. Er hatte sich dazu durchgerungen, nun doch in ein Altersheim zu gehen.

»Für nicht allzuviel Geld, habe ich gesagt!«

Jord sah auf. Er nickte langsam mit dem Kopf. »Allerdings nur, wenn ihr Dickie zu euch nehmt, solange sie lebt.«

Die Runzeln in seinem verwitterten Gesicht wurden tiefer, seine Lippen zitterten. Er bekam einen so heftigen Hustenanfall, daß sein ganzer Körper davon geschüttelt wurde.

»Und nun muß ich weg«, sagte er, nachdem er in

sein rotes Taschentuch geschnaubt und die Stirn abgetrocknet hatte. »Komm, Dickie, wir gehen.«

»Nein«, sagte Lieke ruhig und bestimmt. »Du gehst jetzt noch nicht weg. Wir möchten erst einmal hören, wie du zu diesem Entschluß gekommen bist.«

Jord ließ sich gern zurückhalten. Und er begann zu erzählen: »Ich liebe mein Haus und meine Freiheit. Mein ganzes Leben lang bin ich mein eigener Herr gewesen. Ich habe zwar mal eine Freundin gehabt«, ganz kurz lag der Anflug eines Lächelns auf seinem Gesicht, »das war damals, als ich noch auf dem Walfangschiff fuhr. Da konnte man viel verdienen. Aber sie wollte, daß ich nach der Heirat seßhaft werde. Eine Stelle in der Molkerei, meinte sie. Nein, das war nichts für mich, und darüber ging die Freundschaft in die Brüche. Ein paar Jahre später habe ich das Haus am Südstrand gekauft, und seitdem wohne ich darin.

Aber nun schaffe ich es nicht mehr. Schon der letzte Winter war schlimm genug.« Er seufzte. »Mein Haus und meine Freiheit«, fuhr er nachdenklich fort, »die kann ich zur Not noch aufgeben, aber ich kann Dickie nicht im Stich lassen. Niemand auf der Insel würde so eine alte Katze aufnehmen.«

»Wir würden doch auch auf keinen Campingplatz gehen, wo wir Tommy nicht mitbringen dürfen«, sagte ich.

»Stimmt, Junge. Du verstehst mich.«

Er schüttelte den Kopf und lachte unsicher.

»Ich glaube, ich bin nicht ganz normal. Wie kann man ein Haus zusammen mit einer Katze zum Verkauf anbieten? Aber es geht nun einmal nicht anders.«

»Jord«, sagte Lieke, »ich fürchte, wir sind nicht die richtigen Leute für dich. Wir verbringen höchstens drei Monate im Jahr auf der Insel, und die ganze übrige Zeit würde dein Haus leerstehen.«

Der alte Mann richtete sich ruckartig auf.

»Ich kann ihr jeden Tag Futter bringen«, rief er. »Dann habe ich gleich eine Aufgabe. Man kann doch unmöglich den ganzen Tag untätig im Zimmer herumsitzen.« Er zögerte einen Augenblick. »Es soll ein sehr schönes Zimmer sein, das jetzt frei wird. Mit Blick aufs Meer.« Er stand auf und ging zur Tür. »Ihr könnt es euch ja überlegen.«

Max begleitete Jord noch ein Stück, und wir drei blieben etwas betreten zurück. Wir und eine Katze! Was für eine Idee! Wir waren doch ausgesprochene »Hundemenschen«.

»Da bin ich gar nicht so sicher«, sagte Delia. »Ich finde Katzen auch sehr lieb.«

»Tommy mag keine Katzen«, warf ich ein.

»Das glaube ich nicht«, entgegnete Lieke. »Eigentlich übersieht er sie. Mit Tommy könnte das schon gutgehen.«

8. Kapitel

Wir wollen nicht, daß jährlich Tausende von Seehunden sterben müssen. Wir machen eine Demonstration und kommen sogar in die Zeitung.

Am nächsten Morgen beim Frühstück las Max aus der Zeitung vor: »Im vergangenen Jahr wurden noch 2700 Seehunde im Wattenmeer gezählt. In diesem Jahr sind es nicht mehr als 400.«

»Rechne doch mal aus, Jun, wie viele es im nächsten Jahr noch sein werden, wenn das so weitergeht.«

»Ein Siebentel. Also noch ungefähr 50«, rechnete ich, »und im Jahr darauf kein einziger mehr. Man muß doch irgend etwas dagegen unternehmen!«

»Es geschieht ja schon eine ganze Menge, um den Seehund zu retten«, sagte Lieke. »Denkt nur mal an die Greenpeace-Bewegung. Diese Leute setzen sich enorm ein und finden immer wieder neue Wege, den Regierungen der Länder, in denen die Jagd auf Seehunde noch nicht verboten ist, unbequem zu werden. Mit ihren Aktionen machen sie die Öffentlichkeit aufmerksam. Sie fordern von der kanadischen Regierung ein Gesetz zum Schutz der Robben, und ich habe vor einiger Zeit gelesen, daß sie auch in Norwegen aktiv werden. Unter Lebensgefahr paddeln sie mit Schlauchbooten aufs Meer hinaus zu den Fangplätzen und bleiben in der Nähe der Tiere. Eine Gruppe hat sich sogar mit einer Kette an einem Schiff festgebunden, das zur Seehundjagd auslief.«

»So etwas können wir nicht tun«, meinte Delia enttäuscht.

»Und in Kanada«, fuhr Lieke fort, »wo jedes Jahr im März die abscheuliche Jagd auf Jungtiere stattfindet, besprühen die Greenpeace-Leute die Seehundbabys mit einer Farbe, die sich nicht mehr entfernen läßt. Damit sind die kleinen Pelze wertlos.«

»Vielleicht sollten wir Sand in den Lauf von Jords Gewehr streuen?« überlegte ich.

Aber Max schüttelte den Kopf. »Es ist besser, einen Menschen zu überzeugen, daß er etwas falsch macht.«

»Pah, jemand wie Jord ist nicht zu überzeugen!«

»Er ist verbittert«, sagte Max. »Er sieht, wie das ganze Watt kaputtgemacht wird. Es geht ja schließlich nicht nur darum, daß die Jagd auf Seehunde verboten wird. Wenn sich ihre Lebensbedingungen weiter verschlechtern, werden sie auch so aussterben.

Durch die großen Flüsse Weser, Elbe und Rhein fließen die giftigen Abfallstoffe der Fabriken ins Meer. Abwässer aus den großen Städten werden in die Nordsee gepumpt. Ganze Container mit hochgiftigen Säuren werden auf hoher See versenkt, bloß weil das billiger ist als alle anderen Methoden, diese Industrieabfälle zu vernichten.

Zweimal am Tag strömt das verschmutzte Wasser ins Watt. Alle Meerestiere nehmen es in sich auf. Quecksilber und andere Gifte setzen sich in ihren Hirnen und Eingeweiden ab und schwächen ihre

Abwehrkräfte. Sie werden anfälliger für Krankheiten.

Ihr habt vielleicht schon von der »Himbeer-« oder »Erdbeerkrankheit« bei Fischen gehört. Das ist ein Hautkrebs, der in sauberen Gewässern nicht vorkommt. Und durch den Fisch gelangt das Gift in den Körper des Seehunds und auch des Menschen.

Außerdem verändert sich die Pflanzenwelt. Ganze Arten verschwinden. Wenn nicht bald etwas geschieht, wird die Nordsee ein totes Meer.«

Lieke nickte. »Jeder muß sich überlegen, was er tun kann. Und alle Menschen müssen erfahren, wie wichtig die Sache ist. Wenn eine Art erst mal ausgestorben ist, kommt sie nie mehr zurück.«

Während Delia und ich zum Strand liefen, grübelten wir darüber nach, was wir tun könnten.

Meist kommen die besten Einfälle von Delia, aber diesmal hatte ich eine Idee.

»Wir machen eine Demonstration!« rief ich.

Sofort kehrten wir um und liefen zu Lieke, denn so ein Plan mußte natürlich möglichst schnell ausgeführt werden.

»Kannst du uns ein altes Bettlaken geben?« fragte ich atemlos.

»Ein altes Laken? Wo soll ich denn das hernehmen? Wir haben doch hier nur die Einlagen für die Schlafsäcke. Nächste Woche, wenn wir wieder zu Hause sind, könnt ihr eins bekommen.«

Wir erzählten ihr, daß wir das Bettlaken sofort brauchten, weil wir ein Transparent machen wollten.

»Wir dürfen keine Zeit verlieren!« rief Delia. »Du hast vorhin selbst gesagt, jeder muß etwas dafür tun, damit das Wattenmeer gerettet wird.«

»Deine eigenen Worte waren: ›Wenn eine Tierart ausgestorben ist, kommt sie nie mehr zurück‹«, bekräftigte ich.

Es fiel Lieke nicht ganz leicht, sich von einem der Bezüge zu trennen, aber sie stimmte schließlich doch zu und gab uns den ältesten.

Der Text machte uns allerhand Kopfzerbrechen. Unsere Entwürfe füllten bald viele Heftseiten.

»Steven will leben!« Das klang zwar packend, fanden wir, aber kein Mensch hatte ja eine Ahnung, wer Steven war.

»Rettet den Seehund!« war auch nicht schlecht, aber schon ein bißchen abgedroschen.

»Ist das Wattenmeer gesund, dann bleibt der Seehund.« Nein, das klang nicht gut. »Gesund« und »Seehund« allerdings waren Worte, die uns gefielen, denn sie trafen ja den Kern der Sache. Es war uns klar, daß der Spruch möglichst kurz sein mußte, damit er sich gut einprägte.

»Die Nordsee gesund für unseren Seehund!«

Ja, das war's!

Wir schnitten einen breiten Streifen aus dem Bettbezug und zeichneten die Worte so groß wie möglich auf dem Stoff vor. Dann holten wir uns beim Fahrradhändler im Dorf schwarze Farbe. Er gab sie uns umsonst, als wir erzählten, wozu wir sie brauchten. Dann malten wir die einzelnen Buchstaben aus. Es wirkte beeindruckend.

Nun liefen wir durch den ganzen Campingplatz, um noch mehr Kinder zusammenzutrommeln. Es sollte ein großer Demonstrationszug werden. Vielleicht konnte man sogar das Fernsehen dafür interessieren.

Aber nur zwei Kinder hatten Lust, mitzumachen, Eileen und ihre kleine Schwester. Die anderen zuckten mit den Schultern. Sie sahen überhaupt keinen Sinn darin und blieben lieber über ihren blöden Mickymausheften sitzen.

Eileen war ehrlich begeistert. Weil ihre Mutter kein Laken entbehren konnte, zeichnete sie einen Seehundkopf auf ein großes Stück Pappe. »Helft!« schrieb sie mit Wachsmalkreide darunter und vergaß auch das gewaltige Ausrufungszeichen nicht.

Max fragte uns, wo die Demonstration eigentlich stattfinden sollte. Er sah die Sache mehr von der praktischen Seite. Darüber hatten wir, ehrlich gesagt, noch gar nicht nachgedacht. Aber er hatte recht: Einfach so aufs Geratewohl mit einem Transparent herumzulaufen, war ziemlich sinnlos. Man mußte Menschen ansprechen, die sich über dieses Problem noch nie Gedanken gemacht hatten.

Wir überlegten alle vier gemeinsam. Am Strand? Auf dem Campingplatz? Im Dorf?

»An der Landungsbrücke, wenn das Schiff ankommt«, schlug Eileen vor.

Das war *die* Idee, und schon am nächsten Nachmittag waren wir rechtzeitig zur Stelle, bevor die Scharen neuer Badegäste ankamen. Unser Spruchband, das wir an einem Besenstiel und einem dicken abgebrochenen

Ast befestigt hatten, rollten wir vorerst noch nicht auf, und Eileen legte ihr Schild umgekehrt auf den Boden. Niemand durfte wissen, was wir planten, denn wir wollten uns nicht der Gefahr aussetzen, von der Polizei weggeschickt zu werden. Es sind immer zwei Polizeibeamte an der Brücke, wenn das Schiff ankommt, und jedesmal, wenn einer von ihnen an uns vorbeiging, taten wir so, als wollten wir jemanden abholen.

Wir hatten uns einen sehr günstigen Platz ausgesucht. Seitlich von der Landungsbrücke lag ein Stapel Holzbretter, und auf den wollten wir hinaufklettern.

Jetzt kam das Schiff. Es drehte vor der Brücke bei, die Maschine stoppte, der Laufsteg wurde ausgelegt.

Als die Polizisten ihre Aufmerksamkeit ganz auf das Anlegemanöver gerichtet hatten, bezogen wir unseren Posten. So hoch oben auf dem Holzstapel mußte uns jeder sehen, die Passagiere, die vom Fährschiff kamen, und auch die Autofahrer, die aus dem Rumpf herausfuhren.

Delia und ich rollten unser Spruchband aus, und Eileen hielt mit Hilfe ihrer Schwester das Plakat so hoch sie konnte.

Und tatsächlich, wir fielen auf! Die Leute konnten uns gar nicht übersehen. Schon der Fahrer des ersten Autos hielt vor uns an, drehte sein Fenster hinunter und winkte.

»Bravo, Kinder!« rief er.

Delia rief zurück, er solle doch bitte einen Augen-

DIE NORDSEE GESUND
FÜR UNSEREN
SEEHUND!
HELFT!

blick stehenbleiben, damit auch die anderen Autos stoppen müßten. Dann würden bestimmt alle zu uns sehen.

Er grinste. Man merkte, daß er Spaß an der Sache fand.

Und schon blockierte sein Auto den Verkehr. Die anderen Fahrer begannen zu hupen und nach dem Hindernis Ausschau zu halten. Wir konnten es uns gar nicht besser wünschen.

Gleich darauf kamen die beiden Polizisten angelaufen, um zu sehen, was hier los war.

»Wollt ihr wohl da runter! Ein bißchen fix!« riefen sie. »Hier zu demonstrieren! Bei euch stimmt's wohl nicht! Wir sind doch nicht in Amsterdam! Marsch, weg da, aber schnell!«

Wir taten, als hätten wir nichts gehört und hielten unser Transparent nur noch straffer gespannt und so hoch wie möglich. Eileens Schild ragte noch darüber hinaus. Sie bewegte es heftig auf und nieder.

Die Beamten beugten sich jetzt zu dem haltenden Auto hinunter.

»Fahren Sie weiter! Sie halten den Verkehr auf.«

Wir sahen, wie der Fahrer scheinbar verzweifelt die Hände hob und etwas sagte. Wahrscheinlich, daß sein Motor nicht ansprang, denn mit todernstem Gesicht startete er wieder und wieder, und es mißglückte jedesmal. Wir lachten uns ins Fäustchen, denn inzwischen sahen alle zu uns herauf.

»Die Nordsee gesund für unseren Seehund«, riefen Kinder ihren Eltern zu.

Die Polizisten gaben uns durch wütende Gebärden

zu verstehen, daß wir uns aus dem Staube machen sollten, aber wir blieben stocksteif stehen.

»Müssen wir denn erst Gewalt anwenden?« drohten sie.

»Ja, das werden Sie wohl müssen!« riefen wir frech zurück und blieben, wo wir waren. Sie sollten uns ruhig wegtragen.

Nach vieler Mühe »glückte« es dem Fahrer dann endlich doch, sein Auto in Gang zu bringen.

»Laßt die Kinder doch machen!« rief er den Polizisten zu. »Es sind ja schließlich Ferien!«

Die beiden Beamten berieten sich kurz und taten dann so, als wären wir nicht da. Sie begannen, den Verkehr zu regeln und wiesen den Fußgängern den Weg zu den verschiedenen Autobussen.

Wir hatten inzwischen einen Sprechchor angestimmt: »RETTET – DEN – SEEHUND! RETTET – DEN – SEEHUND!«

Als niemand mehr vom Schiff kam, rollten wir unser Transparent um den Besenstiel, kletterten von dem Bretterstapel und machten uns auf den Weg zum Dorf. Wir waren sehr befriedigt. Die beiden Polizisten überholten uns und grüßten grinsend mit der Hand an der Mütze.

Ein Stück von der Brücke entfernt stand »unser« Fahrer neben seinem Wagen und wartete.

»Wollt ihr in die Zeitung, Kinder?« rief er uns entgegen.

Das war stark!

Er erzählte, daß er Journalist sei und eine Reportage über Gasbohrungen auf der Insel machen müsse. Er würde gern seiner Zeitung ein Bild von unserer Demonstration mitbringen.

Wir entrollten unser Transparent und stellten uns auf.

»Noch einmal den Sprechchor«, sagte er und fotografierte uns mit weit offenen Mündern und erhobenen Fäusten. In der Wochenendausgabe war das Foto dann abgebildet. Unser Transparent machte sich großartig, und auch der Seehundkopf von Eileen war gut zu erkennen. Unter dem Bild stand: »Junge Naturschützer in Aktion für die Rettung der Seehunde.«

Jetzt platzten die anderen Kinder vom Campingplatz beinahe vor Neid. Sie behaupteten, daß sie gern mitgemacht hätten.

»Wir haben euch doch gefragt«, sagte ich ärgerlich.

»Noch ist es ja nicht zu spät«, meinte Eileen. »Macht euch Transparente, und dann ziehen wir in einer Riesendemonstration durchs Dorf.«

Weil aber die Aussicht sehr gering war, noch einmal in die Zeitung zu kommen, konnte sie niemand für diesen Plan begeistern.

9. Kapitel

Wir erleben ein großes Unwetter und suchen Strandgut. Außerdem sprechen wir mit Max über Jord.

Die letzte Ferienwoche auf der Insel war angebrochen.

Eines Abends wurde es stürmisch. »Harter Wind«, nannten es die Inselbewohner. Wir sprachen von Windstärke neun.

Die Sonnenschirme wurden hereingeholt, und Max baute unser Zelt ab. Delia und ich mußten wieder in den Wohnwagen ziehen.

Die Außentemperatur sank so weit ab, daß unsere Scheiben beschlugen. Tommy jaulte. Bei den starken Böen schaukelte der Wohnwagen gefährlich, und doch fühlten wir uns sicher. Wir hatten schon schlimmere Stürme überstanden.

Ein Gewitter zog herauf. Die Blitze tauchten den ganzen Campingplatz in grelles Licht. Die Camper befestigten ihre Zelte, zogen Leinen stramm und klopften Heringe fest. Ein Zelt lag schon zusammengefallen auf der Erde.

Das Unwetter dauerte stundenlang. Immer, wenn wir dachten, daß es weggezogen sei, kam es wieder zurück. So ein Gewitter zieht manchmal die ganze Nacht über der Insel hin und her. Das Meer will es nicht haben, sagen die Leute dann. Wenn es doch nur regnen wollte!

Zum Glück begann es nach einer Weile wie aus

Eimern zu schütten. Aber das war nur der Anfang. Der Regen ging in Hagel über, der auf unser Dach hämmerte. Der »harte Wind« wurde zum Sturm.

Bei solchem Wetter kann man einfach nicht ins Bett gehen, und so blieben wir auf. Erst gegen zwei Uhr wurde der Himmel wieder klar.

»Das gibt morgen einen tollen Raubzug auf Strandgut«, sagte Max.

Sammeln von Strandgut, dafür waren wir zu haben, auch wenn die Menge an Flaschen und Schwimmkugeln, die wir Jahr für Jahr anschleppten, Lieke oft zur Verzweiflung brachte.

Nachdem wir lange geschlafen hatten, brachen wir am späten Vormittag auf. Lieke hatte keine Lust, uns zu begleiten. Wenn die Ferien zu Ende gehen, packt sie unsere Sachen ein, wäscht die Schränke aus und macht den Gaskocher sauber. Es ist ihr lieber, wenn sie uns dann los ist.

Nach einem Nordoststurm muß man an den Nordstrand gehen. Wir wollten vor allem unseren Vorrat an Muscheln auffrischen. Fast alle Herzmuscheln und Wellhornschneckenhäuser, Messerscheiden- und Bohrmuscheln hatten wir großzügig verschenkt. Delia nahm ihre Jeanstasche mit der großen gelben Sonnenblume darauf mit.

Am Strand zogen wir die Schuhe aus. Der Sand war hart und gerippt. Obwohl der Wind abgenommen hatte, war das Meer noch aufgewühlt. Hohe Wellen rollten heran und brachen sich schäumend am Strand.

Wenn Max am Strand entlangläuft, spricht er oft

vor sich hin, als würde er laut denken, und Delia schiebt dann gern ihren Arm unter den seinen.

»Wie seltsam ist doch das Meer«, sagte er. »Einfach unberechenbar. Einmal peitscht es den Strand und bricht als Sturmflut über die Küste herein. Dann wieder ist es ganz ruhig und scheint den Sand zu streicheln.

Fischer sagen immer, daß die See ihr Freund, aber auch ihr Feind ist. Als Freund ist sie großzügig und gibt ihnen ihr tägliches Brot. Als Feind ist sie habgierig und hungrig und raubt ihnen manchmal sogar das Leben.«

In diesem Augenblick sahen wir unsere erste Beute. Wir rannten darauf zu. Es war eine Seemannskiste. Der Seegang hatte das Holz zersplittert. Der Name, der darauf stand, war nicht mehr zu lesen. Es sah so ähnlich aus wie »Julien«.

Wir kippten die Kiste um und stemmten mit vieler Mühe den Deckel auf. In unserer Phantasie sahen wir schon die tollsten Dinge, die dem Seemann gehört haben mochten. Natürlich würden wir alles, was den Sturm überstanden hatte, an das Schiffahrtsamt schikken. Aber es wurde eine große Enttäuschung. Die Kiste war leer.

An der Stelle des Strandes, die mit Strandhafer bepflanzt war, hatte sich der Sand hoch aufgetürmt. Davor lag eine ganze Welt verschiedener Muscheln. Außerdem fanden wir noch einige Bretter, ein paar Korken und ein vom Salz starr gewordenes Stück Fischnetz, das ich mitnahm, um es in mein Zimmer zu hängen.

Die Ausbeute war nicht groß, aber wir genossen es einfach, so am Strand entlangzulaufen, in den blauen Himmel hinaufzuschauen und die salzige Luft einzuatmen. Wir waren in Ferienstimmung. Sogar ein zu tief fliegender Düsenjäger konnte uns die Freude nicht verderben.

Ich stieg auf den Pfahl einer Buhne. Rundum stand Wasser, in dem die kleinen Brackwassergarnelen schwammen. Danach kletterten wir auf allen vieren eine steile Düne hinauf. Die ganze Insel lag vor uns.

»Was jetzt? Gehen wir zurück oder an den Südstrand?«

Wir zogen unsere Schuhe wieder an und entschieden uns für den Wattenstrand. Auch dort hatte der Sturm gewütet. Die seltsamsten Dinge waren angespült worden. Klümpchen von zusammenhängenden gelblichen Blasen, die unter den Schuhsohlen knackten: Eier der Wellhornschnecke. Kleine viereckige schwarze Kissen, die an jeder Ecke in eine lange Spitze ausliefen: Rocheneier. Unvorstellbar, daß aus diesen Eiern so gewaltige Fische wie Rochen heranwachsen sollten. Immerhin können Rochen anderthalb Meter lang werden. Delia fand einen Seeigel, das heißt, sie fand natürlich nicht das Tier selbst, sondern den schönen Kalkball, der übrigbleibt, wenn der Seeigel gestorben ist. Der kleine Panzer sah aus, als wäre er aus dünnem Porzellan, rosa mit braunen Pünktchen.

Wir liefen von einem Fund zum anderen. Plötzlich standen wir vor zwei Strandkrabben, die auf Leben und Tod zu kämpfen schienen. Sie rückten sich mit den Scheren zu Leibe. Manchmal schoben sie sich ein

Stück zurück, um dann wieder aufeinander loszustürmen. Delia wollte sie trennen, aber Max hielt sie zurück.

»Man soll nicht in die Natur eingreifen«, sagte er. »Die Krabben werden schon ihren Grund für diesen Kampf haben. Wahrscheinlich geht es um die Beute oder ums Territorium.«

»Oder um ein Weibchen«, grinste Delia.

»Auch das ist möglich«, antwortete Max lachend.

Bei der Deichpforte trennten wir uns. Max wollte Jord noch besuchen, weil die Leute erzählten, daß es ihm nicht besonders gut ginge. Wir hatten keine Lust, ihn zu begleiten, und liefen zurück zum Campingplatz.

»Wie geht es Jord?« fragte Lieke, als Max wiederkam.

»Tja, es sieht traurig aus. Er hustet sich die Lunge aus dem Leib. Aber zwischendurch mußte ich doch auch wieder über ihn lachen. Er kann sich gut seiner Haut wehren.

Ich erzählte ihm von Steven, wie er neben mir hergeschwommen ist. Weißt du, was er daraufhin sagte? ›Gut, daß ich es nicht gewußt habe, sonst hätte ich mein Gewehr geholt.‹

Ich erwiderte, daß er sich damit strafbar gemacht hätte, aber darüber konnte er nur lachen.

›Die Geschichte geht oft seltsame Wege‹, sagte er. ›Erst geben sie Prämien für jeden erlegten Seehund, und ein paar Jahre später muß man Bußgeld bezahlen, wenn man einen tötet. Zuerst nützt der Robbenfang allen, und auf einmal ist der Seehundjäger ein Bösewicht. Das ist wie mit dem Sklavenhandel: Früher

holte man Sklaven aus Afrika, und niemand sah ein Unrecht darin. Nur das Geld zählte. Plötzlich denken die Menschen anders, und die ganze Welt regt sich über Sklavenhändler auf. Jetzt ist beides verboten, Sklavenhandel und Robbenfang. Aber es ist nicht richtig, die Menschen zu verurteilen. Man muß alles aus der Zeit heraus verstehen, in der es geschieht.‹«

»Du hast ihm doch hoffentlich widersprochen?« fragte ich entrüstet. »Das ist doch nicht wahr! Man kann das eine nicht mit dem anderen vergleichen.«

Max lachte. »Das weiß Jord doch auch. Er ist nicht dumm, das könnt ihr mir glauben. Er wollte nur sagen, daß er nicht scheel angesehen werden möchte, weil er früher einmal Robben gefangen hat.«

»Dann muß er erst sein Gewehr zu Hause lassen, wenn er zum Strand geht«, warf ich ein.

Max sah mich ernst an.

»Es klingt unwahrscheinlich«, sagte er, »und doch glaube ich Jord aufs Wort. Er sagt, daß er in der vergangenen Woche mit dem Gewehr am Wattenstrand gewesen ist und es dort zum letztenmal in seinem Leben abgefeuert hat. In die Luft. Danach habe er es in seinem Zimmer an die Wand gehängt, um sich noch hin und wieder am Anblick der Waffe zu freuen. Er sei immer ein ehrlicher Jäger gewesen, betonte er, und wolle kein Strandräuber werden.«

Auf einmal konnte ich Jord ein bißchen besser verstehen. Es mußte ihm sehr schwer gefallen sein, das Gewehr für immer wegzulegen. Vielleicht war er nur so wütend geworden, weil Delia und ich ihn dabei gestört hatten.

»Was machen wir nun mit der Katze?« fragte Lieke nachdenklich. »Ich weiß nicht, wie Jord sich das denkt. Das Tier kann doch unmöglich allein im Haus bleiben, selbst wenn er es täglich füttert. Wir müßten Dickie mit nach Hause nehmen.«

»Ich glaube, er vertraut uns, daß wir gut für sie sorgen würden«, meinte Max. »Es wäre dem alten Mann doch zu gönnen, daß er in dem Heim bei guter Pflege noch ein paar schöne Jahre verbringen kann.«

»Und wir dürfen die Katze füttern und pflegen und wahrscheinlich in jeden Ferien mit hierherschleppen, um sie dem Herrchen zu zeigen«, brummte ich mürrisch.

»So wird es wohl sein« , stimmte Max trocken zu.

Delia hatte die ganze Zeit geschwiegen.

»Wenn wir Jords Haus kaufen«, sagte sie schließlich, »werden wir ein richtiges Zuhause auf unserer Insel haben. Und wir geben dafür Dickie ein Heim.«

»Wir müssen es alle vier wollen.« Max legte großen Wert auf einen gemeinsamen Entschluß.

»Alle fünf«, verbesserte ich. »Tommy zählt auch mit.«

10. Kapitel

Max hat ein neues großes Erlebnis: Steven zeigt ihm sein Junges. Und wir finden einen Heuler.

Der letzte Tag auf der Insel, dann waren die Ferien vorbei. Steven war nicht wieder aufgetaucht. Alles taten wir zum letztenmal. Obwohl es fast stürmisch war, ging Max zum Abschied an der Ostspitze schwimmen. Wir liefen mit einer ganzen Horde Kinder zum Leuchtturm. Es waren neue Lampen montiert worden, die wir uns anschauen durften.

Lieke packte die letzten Dinge ein und beendete ihre Putzarbeiten.

Als wir mittags zurückkamen, empfing uns Max ganz aufgeregt.

»Ihr werdet es nicht für möglich halten, was ich diesmal gesehen habe!« rief er.

»Steven?« fragten Delia und ich wie aus einem Munde.

»Ja, es war Steven! Aber er benahm sich ganz anders als sonst. Er schwamm nicht mit mir um die Wette, sondern blieb auf Abstand. Und, Kinder, er war nicht allein!«

»Nun erzähle bloß keinen Roman in Fortsetzungen«, flehten wir.

»Er hatte ein Junges bei sich! Jedesmal, wenn er auftauchte, sah ich einen kleinen Schatten hinter ihm. Nicht ganz so dunkel in der Farbe, aber schon genauso gewandt im Schwimmen. Ich versuchte, ihn zu locken, und wechselte zwischen Brust- und Rückenschwimmen, wie er es sonst tut. Ich piepte und bellte, wie ich es von euch gehört habe, und machte Liekes sanfteste Stimme nach. Aber ich hatte das Gefühl, daß er mich nur auslachte. Jedenfalls kam er kein bißchen näher. Vielleicht war ihm das Meer auch zu unruhig, um sich von seinem Jungen zu entfernen.

Also schwamm ich meine Strecke allein. Als ich aber später am Strand stand und mich abtrocknete – ihr mögt es glauben oder nicht –, da tauchte er mitten in unserer Bucht auf und sah mich an. Kurz darauf schwenkte er ab, und ich dachte schon, daß es sein Abschied gewesen sei.

Doch keine Minute später erschien er ganz dicht vor mir und hatte das Junge im Maul. Am Nackenfell hielt er es fest, genau wie es Katzen mit ihren Kleinen tun. ›Guck mal, was ich hier habe‹, schien er zu sagen.

Der Teufel soll mich holen, wenn es nicht wahr ist! Es tut mir leid, daß ihr es nicht selbst gesehen habt. Dann wären eure Ferien wirklich vollkommen gewesen.«

»Diese Ferien, Max«, begann Delia, »diese Ferien . . .«

». . . waren so oder so große Klasse«, beendete ich ihren Satz.

Am nächsten Morgen wollten wir mit dem ersten Schiff abreisen. Der letzte Nachmittag mußte also gut ausgenutzt werden. Wir machten viele Pläne, denn die Zeit war auf einmal so kostbar. Aber alles, was wir uns ausdachten, verwarfen wir wieder. Im Grunde wußten wir, daß wir beide eigentlich nur eines wollten, nämlich Steven und sein Junges sehen.

Wir nahmen unser Fernglas mit und liefen zur Ostspitze. Dort suchten wir die endlose Fläche des Meeres ab und hielten auch überall auf dem Watt Ausschau. Manchmal dachten wir, in der Ferne einen Kopf mit Schnurrbart zu sehen, aber er bestand nur in unserer Einbildung. Immer wieder ließen wir uns anführen. Mal war es ein treibender Seevogel, dann eine hohe Welle. Wir mußten es aufgeben, Steven ließ sich nicht blicken.

Am besten, wir liefen zum Campingplatz zurück. Morgen ging es nach Hause und übermorgen zur Schule. Eine neue Klasse, ein neuer Lehrer. Das war auch nicht schlecht.

Als ich an die Heimfahrt dachte, fiel mir wieder das leidige Problem mit der Katze ein. Ich war der einzige, der sich noch gegen den Plan sperrte, sie mitzunehmen.

Als Delia und ich jetzt über den Strand liefen und uns darüber unterhielten, wie schön diese Ferien für uns gewesen waren, begann ich meine Meinung zu ändern. Es war nicht etwa ein heiliges Bedürfnis, anderen Menschen Gutes zu tun, aber ich fand es plötzlich nicht mehr ganz so schlimm, wenn wir eine Katze zu uns nehmen würden, um einem alten Mann dadurch zu helfen.

»Wollen wir Jord noch eben guten Tag sagen?« fragte ich.

»Mensch, ich glaube, du spinnst!«

Delia hatte ihre Angst vor Jord noch immer nicht ganz überwunden.

»Ach, ich dachte nur ... vielleicht sollten wir doch für Dickie sorgen ...«

»Das kann nicht dein Ernst sein! Du betonst doch immer, daß du Katzen nicht magst und daß du dich nicht um noch ein Tier kümmern willst.«

»Wir brauchen sie ja noch nicht gleich mitzunehmen, aber wir könnten Jord sagen, daß er damit rechnen kann.«

Delia mußte über meine veränderte Haltung nachdenken. »Das finde ich gut von dir, Jun«, sagte sie schließlich.

In der Ferne hörten wir die Kirchturmglocke schlagen. Die Sirene der Molkerei heulte auf und kündigte eine Pause an. Die Möwen kreischten, irgendwo heulte ein Kind.

Wir gingen schweigend weiter. Bei Jords Ruderboot wollten wir wieder über den Deich steigen. Das Heulen wurde lauter.

Auf einmal ergriff Delia meinen Arm. Sie kniff mich so heftig, daß ich sie ärgerlich abschüttelte. »Au, du tust mir weh!«

»Du lieber Gott!« flüsterte sie.

Da, an das geteerte Boot geschmiegt, lag ein junger Seehund, so winzig und so hilfsbedürftig, daß uns beiden die Tränen in die Augen traten. Es verschlug uns den Atem. Das Seehundbaby bewegte sich nicht, aber es heulte herzzerreißend in lang anhaltenden Jaultönen.

Wir knieten uns neben das Tierchen in den Sand.

Sein Fell war weich. Wie allerfeinstes Zinn glänzte der Rücken, und die Brust schimmerte, als wäre sie aus mattem Silber. Der Kopf war übergroß im Vergleich zum Körper. Zwei schwarze Knopfaugen sahen uns erwartungsvoll an. Über den Augen hatte der Kleine einen rabenschwarzen Fleck.

Ein paar Minuten war er still, das Schnäuzchen ging suchend hin und her. Dann begann er wieder zu heulen, noch trauriger und kläglicher als zuvor. Er zitterte vor Kälte.

»Armer kleiner Kerl!« Ich zog mein T-Shirt aus und legte es über ihn. Nun fror ich.

Auf einmal gerieten wir in Panik. Was sollten wir jetzt tun? Ihn hochheben und mitnehmen? Wir waren zu weit vom Dorf entfernt, das konnten wir niemals schaffen.

Als ob er uns sagen wollte, daß wir uns beeilen müßten, klatschte er plötzlich die kleinen Vorderflossen aneinander. Flapp, flapp, flapp.

Da nannten wir ihn Flapp.

Jetzt galt es, keine Zeit zu verlieren. Natürlich konnten wir ihn nicht allein zurücklassen, wir beschlossen also, daß Delia bei ihm bleiben sollte, während ich zurück ins Dorf lief und Hilfe holte. Hoffentlich war Max zu Hause.

Ich rannte so schnell ich konnte. Am Deich drehte ich mich noch einmal um, legte die Hände an den Mund und brüllte: »Paß gut auf ihn auf! Laß keinen ran!«

In der Ferne sah ich das Dorf liegen. Es war noch ein ziemliches Ende bis dahin.

Bei Jords kleinem Haus blieb ich einen Augenblick stehen, um mich zu verpusten. Der alte Mann war damit beschäftigt, mit der Mistgabel allerlei Gartenabfälle in seine Schubkarre zu werfen. Auf einer niedrigen Mauer aus Feldsteinen saß Dickie, und Jord unterhielt sich mit ihr.

Die Schubkarre! Blitzartig kam mir der Gedanke. Wenn wir die Schubkarre hätten . . .

Nimm dich in acht, warnte ich mich selbst. Nur keinen Verdacht erregen. Wenn du ihm sagst, wofür du die Schubkarre haben willst, ist Jord fähig, sein blödes Gewehr zu nehmen und an den Strand zu gehen. Ich traute ihm noch immer nicht ganz.

Fieberhaft dachte ich nach. Da kam mir eine Idee. Ganz wohl war mir nicht dabei, aber mir blieb keine Wahl.

»Jord!« rief ich.

»Oh, du bist es«, rief mir Jord nicht unfreundlich zu. »Falls du deinen Vater suchst, der ist nicht hier.«

»Ich wollte zu dir«, sagte ich.

»Zu mir? Wieso?« Ich spürte das Mißtrauen in seiner Stimme. »Was willst du von mir?«

Ich faßte Mut. Selbst wenn er nein sagen sollte, war noch nichts verloren. Dann lief ich eben sofort weiter ins Dorf.

»Wenn ich deine Schubkarre für ein paar Stunden ausleihen darf«, ich sprach absichtlich ganz langsam, um meinen Worten mehr Nachdruck zu verleihen, »dann nehmen wir Dickie zu uns. Wir werden gut für sie sorgen, und du kannst beruhigt umziehen. Und immer, wenn wir Ferien haben, bringen wir sie mit hierher. Dann kann sie bei dir wohnen, oder ich komme dich jeden Tag mit ihr besuchen.«

Jords Gesicht leuchtete auf. »Das wollt ihr wirklich tun?«

Ich nickte und kam mir richtig gemein vor, daß ich Jords Liebe zu seinem Haustier so ausnutzte.

»Wofür brauchst du die Schubkarre denn?«

»Wir haben am Strand etwas gefunden, was so schwer ist, daß wir es nicht tragen können«, sagte ich wahrheitsgemäß.

Er streckte mir seine Hand entgegen, ich schlug ein.

»In Ordnung!« sagte er.

Jord leerte die Schubkarre auf dem Komposthaufen aus und überließ sie mir.

Dann ging er zu seiner Katze und flüsterte ihr etwas ins Ohr. Ich nahm die Karre bei den Griffen und schob sie so schnell es ging zum Deich.

Es war ein Glück, daß gerade ein paar Spaziergänger vorbeikamen, denn allein hätte ich das Ding niemals über den Deich bekommen. Als ich ihnen erzählte, was wir gefunden hatten, waren sie sofort bereit, uns zu helfen.

Delia saß noch immer neben Flapp. Nachdem sie bei Steven so viel Erfolg mit ihrem Lied gehabt hatte, sang sie nun auch. Aber der kleine Seehund zeigte sich nicht beeindruckt. Wehmütig heulte er weiter und sah traurig um sich.

Wir hoben unser Findelkind in die Schubkarre. Ich zog mein T-Shirt wieder an, denn einer unserer Helfer hatte einen Regenmantel bei sich. Damit bedeckten wir Flapp.

Mühsam schoben und zogen wir die Schubkarre zum Deich. Es war eine schwere Arbeit, denn das Rad sackte tief in den Sand ein. Auf dem gepflasterten Weg ging es dann besser. Wir schoben abwechselnd jeder ein Stück, während Delia ein Lied summte und ich vor Glück pfiff.

Delia bekam einen mächtigen Schrecken, als sie Jord am Weg stehen sah. Ich beruhigte sie.

»Hat nichts zu sagen. Er ist nur neugierig, wofür wir die Schubkarre haben wollten. Die habe ich nämlich von ihm ausgeliehen. Als Dank dafür habe ich ihm versprochen, daß wir bis an ihr Lebensende für Dickie sorgen werden.«

»Du hast...?« Delia zog die Nase kraus. »Jun, du bist vielleicht ein Held!«

Jord schielte mißtrauisch in die Schubkarre. Als er sah, was darin lag, drehte er uns demonstrativ den Rücken zu.

»Dickie!« rief er und verschwand im Haus.

Beim Campingplatz angekommen, dankten wir unseren Helfern. Natürlich versprachen wir ihnen, daß sie sich jederzeit erkundigen dürften, wie es dem Seehundbaby ginge. Dann schoben Delia und ich die Karre zu unserem Wohnwagen. Von allen Seiten kamen Kinder herbei. Es wurde ein richtiger Aufzug. Noch nie waren Strandgutsammler mit einer so kostbaren Beute nach Hause gekommen.

Die Neuigkeit verbreitete sich wie ein Lauffeuer über den Campingplatz. Immer mehr Leute kamen, um den kleinen Seehund zu sehen. Hundertmal mußten wir erzählen, wie wir ihn gefunden hatten. Einige der Schaulustigen regten sich auf, weil sie meinten, daß wir nicht gut genug für das Findelkind sorgten. Von allen Seiten bekamen wir Ratschläge. Wir sollten ihm mit einem Babyfläschchen Sahne geben, sagten die einen. Die anderen hielten feingemahlene Krabben für besser. Das Tier hätte natürlich Hunger, und deshalb schrie es so.

Der Tierarzt wurde gerufen. Er fand den Gesundheitszustand zufriedenstellend.

»Wenn das Jungtier allerdings nicht bald Nahrung bekommt, wird es schnell schwächer werden«, sagte er.

Doch er wußte aus Erfahrung, wie schwierig es ist, so einen kleinen Kerl zum Fressen zu bewegen.

Und wirklich, was immer wir ihm anboten, wie sehr wir ihm Sahne, Krabben oder Fisch auch anpriesen, unser Seehund dachte einfach nicht daran, auch nur das kleinste Stück davon zu sich zu nehmen. Er sah uns nur trübselig mit seinen feuchten schwarzen Augen an.

Der Tierarzt und Max überlegten gemeinsam, was geschehen sollte.

»Vielleicht ist es die Hälfte eines Zwillingspaares«, vermutete Lieke.

»Tja, das ist gut möglich«, meinte der Tierarzt. »Ein Seehund, der Zwillinge zur Welt bringt, kann nur ein Jungtier säugen und aufziehen. Das andere überläßt er seinem Schicksal.«

»Mensch, Jun, was haben wir für ein Glück, daß Lieke kein Seehund ist!« rief Delia aus.

Was in den nächsten Stunden geschah, erinnerte an einen Film im Zeitraffereffekt. Lieke saß bei dem kleinen Seehund und sprach beruhigend auf ihn ein. Max rief von der Polizeistation aus den Flugplatz Leeuwarden an. Wir gingen natürlich mit. Am liebsten hätten wir selbst telefoniert. Max verstand das, aber es durfte keine Zeit verlorengehen. Deshalb war es besser, wenn ein Erwachsener sprach.

Er erreichte einen Piloten, der schon mal Seehunde transportiert hatte. Es sei nicht so einfach, meinte der. Max müsse die Aufzuchtstation in Pieterburen anrufen, und von dort aus würde man seinen Vorgesetzten informieren. Von dem bekäme er den Flugbefehl.

»Dann klettere ich in meinen Hubschrauber, und die Sache ist in Null Komma nichts geregelt.«

Max erkundigte sich noch, ob die Kinder, die den Seehund gefunden hatten, mitfliegen dürften.

»Davon kann überhaupt keine Rede sein«, lautete die Antwort.

Schade, aber daran war wohl nichts zu ändern. Es kam ja auch nicht so darauf an. Wenn nur Flapp gerettet wurde!

Sofern man Flapp glauben sollte, gab es auf der ganzen Welt kein unglücklicheres Wesen als ihn. Er heulte und heulte.

Endlich war alles geregelt. Leeuwarden hatte zugesagt, daß am nächsten Morgen auf der Landebahn der Insel ein Hubschrauber landen würde. Wir wurden ermahnt, pünktlich um halb sieben da zu sein, natürlich mit Flapp.

Den Gedanken, daß unser kleiner Seehund die ganze

Nacht noch ohne Nahrung bleiben mußte, fanden wir schrecklich. Wir hatten uns vorgestellt, daß sofort ein Hubschrauber bereitgestellt würde, um ein Seehundbaby dahin zu fliegen, wo man wußte, wie man es am Leben erhält. Es dauerte uns allen viel, viel zu lange!

»Und wenn er nun heute nacht schon stirbt?« fragte Delia düster.

Da sagte Max ganz langsam und deutlich: »Wenn wir das Abendschiff nehmen – mal sehen, es geht in anderthalb Stunden, das schaffen wir gut –, dann sind wir eine Stunde später an Land und könnten noch bei Tageslicht in Pieterburen sein.«

Wir erdrückten ihn beinahe. Max ist der allerbeste Vater, den man haben kann!

Wieder rannte er los, um zu telefonieren. Er sagte die Vereinbarung mit dem Flugplatz ab, informierte die Aufzuchtstation, koppelte den Wohnwagen an den Kombi, kurzum, er regelte alles.

Eileen war traurig, daß sie nicht mitfahren konnte. Ihre Ferien waren noch nicht zu Ende. Aber sie wollte wenigstens mit ihrer Schwester zur Landungsbrücke kommen, von der das Schiff ablegte.

Bevor wir es uns richtig versahen, saßen wir schon im Auto. Delia und ich hatten den Korb mit Flapp auf unseren Knien. Lieke beruhigte Tommy, der nicht verstand, was hier vorging, und vor lauter Aufregung mit dem Seehund um die Wette jaulte.

Auf der Landungsbrücke herrschte Hochbetrieb. Wir mußten aussteigen. Jeder wollte das Findelkind sehen. Und natürlich anfassen, aber Delia wachte eisern darüber, daß das nicht geschah.

Eileen hielt Flapp mit ernstem Gesicht eine Rede: »Mach's gut, Kleiner! Sei schön brav. Tu, was man dir in Pieterburen sagt. Iß tüchtig, wachse und lerne, deinen Fisch selbst zu fangen. Dann kommst du eines Tages ins Meer zurück, und vielleicht sehen wir uns im nächsten Jahr hier wieder. Tschüs, Flapp!«

Als wir über den Laufsteg gingen, traten die Menschen links und rechts zur Seite. Die Polizeibeamten fragten, ob wir nicht dieselben Kinder seien, die mit einem Spruchband demonstriert und den ganzen Verkehr aufgehalten hatten.

»Ja, das waren wir. Aber wir reden nicht nur, sondern handeln auch!« antworteten wir stolz.

Der Kapitän erlaubte, daß wir uns auf der Kommandobrücke aufhielten, denn Flapp zitterte aus Angst vor den vielen Menschen, die sich um seinen Korb drängten.

Zwei Stunden, nachdem wir das Schiff betreten hatten, bogen wir schon in den Weg ein, der zur Aufzuchtstation führte. Wir konnten kaum mehr stillsitzen vor Aufregung.

PARKEN SIE HIER UND GEHEN SIE ZU FUSS WEITER. Das Schild galt jetzt nicht für uns.

Hupend und mit dem Warnlicht blinkend, fuhr Max auf das Grundstück. Wir hatten getan, was wir konnten. Jetzt löste Frau Lenie uns ab. Flapp war in guten Händen.

»Ist er nicht goldig?« sagte sie und trug ihn wie ein Baby ins Haus.

Die ganze Station lief zusammen. Jeder wußte, was er zu tun hatte, sobald ein Jungtier ankam: Frau Lenies

Mann, ihr Sohn, der Tierarzt und auch die beiden Mädchen, die dort halfen.

Wir durften dabeisein, als Flapp den ersten Fischbrei bekam. Er wollte den Magenschlauch absolut nicht schlucken, aber da gab es kein Pardon. Der Schlauch wurde gewaltsam eingeführt. Wir seufzten vor Erleichterung, als es glückte. Frau Lenie schaltete die warmen Lampen an. Alles lief wie am Schnürchen.

Diesmal sahen wir uns auch noch die Fischräucherei von Frau Lenies Sohn an. Er hatte ein paar leere Ölfässer aufeinandergesetzt. In dem unteren schwelte Sägemehl, und im Rauch darüber hingen die Heringe an einer dünnen Eisenstange. Ihre Haut hatte schon die Farbe richtiger Bücklinge angenommen.

»Ihr könnt gern ein paar haben«, sagte der Junge.

Es fiel uns schwer, von Flapp Abschied zu nehmen. Frau Lenie verstand das gut.

»Immer, wenn die gesunden Tiere ins Meer zurückgebracht werden, geht es mir genauso«, sagte sie. »Wie steht es denn mit einem Namen für den Kleinen? Habt ihr euch schon einen ausgedacht? Es ist bei uns fester Brauch, daß derjenige, der einen Seehund findet, ihm auch einen Namen geben darf.«

»Flapp!« sagten wir wie aus einem Munde.

Sie schüttelte den Kopf. »Das geht nicht, denn wir haben schon einen Flapp. Wißt ihr keinen anderen Namen?«

»Das schon«, antworteten wir. »Aber er heißt nun einmal Flapp. Wenn ein Kind einen Namen bekommen hat, kann man den doch auch nicht mehr ändern.«

»In Ordnung, Kinder«, sagte sie. »Ich werde ihn dann als Flapp junior eintragen.«

Delia und ich mußten lachen. Vielleicht würden sie ihn nun Jun nennen, wie mich.

Die Zeit drängte. Wir mußten uns auf die Heimfahrt machen. Frau Lenie gab uns die Telefonnummer der Aufzuchtstation und erlaubte uns, jederzeit anzurufen.

»Ich sage euch Bescheid, Kinder, wenn Flapp groß und stark genug ist, um wieder ins Meer gesetzt zu werden. Vielleicht erlaubt euch die Wasserschutzpolizei sogar, mitzufahren. Ich werde ein gutes Wort für euch einlegen.«

Es war Mitternacht, als wir zu Hause ankamen. Tommy nahm mit einem Seufzer seinen Korb wieder in Besitz, unsere Zimmer erschienen uns eigenartig groß und fremd.

Die herrlichsten Ferien unseres Lebens waren vorbei.

Am nächsten Morgen – es war für uns alle der letzte Ferientag – setzten wir uns zusammen und schrieben einen Brief an Jord.

Wir versprachen ihm, in den Herbstferien seine Katze abzuholen und immer gut für sie zu sorgen.

Alle vier setzten wir unsere Namen darunter, und sogar Tommy mußte seine Pfote aufs Papier drücken.

Und dann hatte Delia mal wieder eine ihrer guten Ideen: Unser Journalist sollte von unserem Fund erfahren.

Natürlich hatten wir die Zeitung mit unserem Foto aufbewahrt. Darin fanden wir seinen Namen und die

Telefonnummer. Tatsächlich bekamen wir unseren Freund persönlich an den Apparat.

Ob er sich noch an uns erinnere?

Aber natürlich! Was für eine Frage!

Was, einen jungen Seehund hätten wir gefunden?

»Hört mal, ihr führt mich doch nicht etwa an der Nase herum?«

»Nein«, sagten wir. »Ehrlich, Hand aufs Herz! Und wenn Sie uns nicht glauben ...«

»Ach was«, lachte er. »Wie sollte ich Kindern wie euch nicht glauben! Alles klar! Ihr könnt euch darauf verlassen, daß ich es in die Zeitung bringe.«

Wir mußten unsere Adresse angeben, und er versprach, uns eine Ausgabe der Zeitung zuzusenden.

Nach einer Woche brachte der Briefträger die Zeitung, und wir rissen sie fast kaputt in unserer Ungeduld, den Bericht zu finden.

Da stand es, ganz unten auf der letzten Seite, von einem orangefarbenen Rand eingefaßt:

> Junge Naturschützer, die auf einer Insel im Wattenmeer für die Erhaltung der Seehunde demonstrierten (siehe unsere Fotoreportage vom 16. August d. J.), fanden ein junges Seehundwaisenkind. Sein Gesundheitszustand war verhältnismäßig gut. Wahrscheinlich wurde es von einer Seehundmutter verlassen, die Zwillinge zur Welt gebracht hat. Das Tier ist in die Seehunde-Aufzuchtstation Pieterburen gebracht worden.

In der Schule erregte unser Zeitungsausschnitt großes Aufsehen. Wir mußten alles ganz genau erzählen.

Unsere Lehrerin benutzte das allgemeine Interesse und sprach im Unterricht mit uns über das Watt, über Seehunde und über die Verschmutzung des Meeres. Sie brachte Berichte über die Arbeit von Greenpeace mit, sprach über die Gefahren bei der Eindeichung von Wattgebieten und erzählte von Plänen und Gesetzesvorlagen, die verhindern sollten, daß weiter vergiftetes Wasser in die Nordsee geleitet wird.

Wir sammelten selbst solche Artikel und legten ein Album an, in das wir alles einklebten. Unser Foto mit dem Transparent kam auf die erste Seite.

Natürlich riefen wir regelmäßig Frau Lenie an, um zu hören, wie es Flapp ging. Er war sehr krank gewesen, einen Lungenwurm hatte er gehabt und Öl in seinen Eingeweiden. Wir konnten gar nicht verstehen, wie das möglich war. Als wir ihn zur Station brachten, hatte er ja noch nichts gefressen.

»Er hat es schon vor seiner Geburt in sich gehabt«, war die Antwort gewesen. »Aber ihr braucht keine Angst zu haben, Kinder. Er schafft es schon.«

Und wirklich, bei einer der nächsten Anfragen erfuhren wir, daß er inzwischen zwanzig Kilo wog!

11. Kapitel

Ein Jahr ist vergangen. Unser Seehundbaby ist groß und stark geworden. Wir dürfen dabeisein, als es zurück ins Meer gebracht wird.

Fast ein Jahr war seit unseren Sommerferien vergangen, da kam endlich der lang ersehnte Anruf von der Wasserpolizei in Delfzijl. In zwei Tagen war es soweit. Flapp sollte ins Meer gesetzt werden. Und da wir die Finder des Tieres waren, durften wir dabeisein.

Selbstverständlich wurden wir von der Schule beurlaubt. Max konnte sich unmöglich freinehmen, aber Lieke kam mit. Gern hätten wir auch Eileen mitgenommen, aber sie wohnte ja in einer anderen Stadt.

Um zehn Uhr sollten wir am Hafen von Delfzijl sein, aber wir kamen viel zu früh.

Darum gingen wir, genau wie vor einem Jahr, noch einmal zu dritt über den Deich. Damals war das Wetter trübe und regnerisch gewesen, diesmal schien die Sonne. Es war ein heiterer Frühlingstag mit strahlend blauem Himmel. Der Horizont zeichnete sich scharf ab. Deutlich sah man den Hafen Emden liegen.

Wie schnell war dieses Jahr vergangen. Und dabei war so viel passiert! Unser Seehundbaby hatte sich zu einem großen, kräftigen Burschen entwickelt. Dickie gehörte längst zu unserer Familie, als wäre sie schon immer dagewesen. Und in ein paar Wochen würden wir zum erstenmal Ferien in Jords Häuschen machen. Wir wollten es uns nach und nach selbst ausbauen.

Pünktlich waren wir am Hafen, wo sich schon verschiedene Menschen eingefunden hatten, die mitfahren wollten. Zuerst begrüßten wir natürlich Frau Lenie und hätten am liebsten gleich alle Neuigkeiten über Flapp erfahren.

»Das erzähle ich euch unterwegs«, sagte sie. »Wir haben genügend Zeit.«

Außer uns fuhren noch ein Krabbenfischer und zwei junge Männer mit, die beim Wattlaufen ebenfalls Seehunde gefunden hatten.

Auch ein Mitarbeiter vom Staatlichen Institut für Naturschutz war da.

»Ohne mich kann die Fahrt gar nicht stattfinden«, erklärte er. »Ich bin nämlich der einzige an Bord, der die Genehmigung hat, Wild zu befördern.«

»Wild?« fragte ich.

»Ja, sicher«, antwortete er. »Ein Seehund ist Wild, und es ist verboten, ihn ohne Erlaubnisschein zu befördern.«

»Junge, Junge, dann sind wir ja Wilddiebe gewesen, als wir Flapp in der Schubkarre mitgenommen haben!« rief Delia lachend.

Zwei sehr nette Polizeibeamte zeigten uns auf einer Karte, wohin wir fahren wollten.

»Da, noch ein Stück über Rottumeroog hinaus. Wir kommen bei Niedrigwasser an und bleiben in einer steil abfallenden Rinne. Seehunde brauchen tiefes Wasser«, erklärten sie. »Wir bringen sie auf eine

Sandbank. Wenn die Flut kommt, müssen sie schwimmen, ob sie wollen oder nicht.«

»Sie werden doch nichts lieber tun, als in die Freiheit zu schwimmen«, meinte Lieke.

»Das werden Sie wohl bald nicht mehr denken«, erwiderten die Beamten vielsagend.

Wir hörten, daß die Seehunde schon an Bord waren.

An Bord! Ganz zitterig vor Spannung liefen wir mit den anderen zur Anlegestelle. Da lag das graue Polizeiboot, die RP 19.

Und dann ging alles sehr schnell. Einsteigen, ablegen, und bevor wir uns versahen, waren wir schon auf offener See.

Auf dem Deck standen vier große Kisten, von denen jede an einer Seite mit einer Schiebetür versehen war. Durch die Spalten zwischen den Brettern konnte man die Seehunde liegen sehen.

Ich müßte lügen, wenn ich behaupten wollte, daß wir Flapp wiedererkannt hätten. Er hatte zwar noch immer den schwarzen Fleck über den Augen, der uns gleich aufgefallen war, aber sonst erinnerte er überhaupt nicht mehr an das Häufchen Unglück, das wir so kläglich heulend am Wattenstrand gefunden hatten.

Lieke fragte: »Na, wie geht's?«

Aber er drehte ihr nicht einmal den Kopf zu.

Auch wir sprachen ihn an: »Kennst du uns noch? Weißt du noch, damals, auf dem einsamen Strand? Wie wir dich mit der Schubkarre ins Dorf geschoben haben? Du siehst aber prima aus. Mann, was bist du gewachsen!«

Flapp reagierte nicht. Er ließ den Kopf sinken und schloß die Augen. »Laßt mich in Ruhe«, schien er sagen zu wollen.

Es war allerhand los an Bord. Jeder redete mit jedem. Frau Lenie und Lieke hatten sich zusammengesetzt, und wir durften uns alles anschauen. Die Polizisten erlaubten uns sogar, über Sprechfunk mit der Dienststelle in Delfzijl zu reden.

Wir sahen zu, wie alle Seehunde an ihren Hinterflossen mit einem orangefarbenen Markierungszeichen versehen wurden. Eigentlich hatten wir uns vorgestellt, daß sie zum Abschied noch gefüttert würden, aber Frau Lenie war anderer Ansicht.

»Sie haben gelernt, ihren Fisch allein zu fangen. Jetzt müssen sie zeigen, was sie können.«

Das Schiff steuerte seinem Ziel entgegen. Hier und da traten Sandbänke aus dem Wasser, die Sonne schien funkelnd auf das Meer.

Plötzlich rief jemand: »Da! Mindestens zehn Stück!«

Sofort wurde die Maschine gestoppt. Jeder hielt Ausschau. Ferngläser gingen von Hand zu Hand. Es war kaum zu glauben: Auf einer Sandbank lag eine ganze Seehundkolonie, lauter schwarze Wölbungen auf dem gelben Sand.

»Ich zähle dreißig«, sagte einer der Beamten.

Nun wurde die Stelle der Sandbank bestimmt, wo das Schiff auffahren sollte. Von dem Moment an wurde kein Wort mehr gesprochen. Frau Lenie blieb bei den Männern, die die Kisten von Bord transportieren sollten.

Wir hingen alle über der Reling und sahen atemlos zu. Nichts entging uns. Ich wollte jede Einzelheit so gut aufnehmen, daß ich sie mein Leben lang in Erinnerung behalten konnte. Die Schiebetüren wurden geöffnet. Nun würden die Seehunde aus ihren Gefängnissen entfliehen.

Aber es bewegte sich nichts. Es war plötzlich ganz still.

Frau Lenie beugte sich über Flapps Kiste und gab ihm einen leichten Schlag auf den Rücken.

»Komm, Junge!« sagte sie.

Er rekelte sich ein bißchen und robbte ein Stück vorwärts. Noch ein Klaps, noch ein Stück, dann lag er auf dem Sand.

Wie groß war er geworden! Und schön! Seine Haut glänzte wie Seide, und an seinen Flossen hatte er starke Nägel. Mit wachsamen Augen schaute er sich um und streckte den prachtvollen Kopf. Das war aus unserem Flapp geworden. Es war ein Wunder!

Nachdem Frau Lenie ihn noch ein wenig ermuntert hatte, robbte er ins Wasser. Nun kamen die anderen Tiere an die Reihe. Wir wußten gar nicht, wo wir zuerst hinschauen sollten.

Die Männer trugen die leeren Kisten zurück an Bord, und dann kam das, was die Polizeibeamten vorausgesagt hatten: Die Seehunde dachten gar nicht daran, wegzuschwimmen. Sie blieben dicht beim Schiff. Es schien ihnen großen Spaß zu machen. Sie tauchten auf und verschwanden gleich darauf im Wasser. Ausgelassen jagten sie einander nach, und immer, wenn ein Kopf über der Wasseroberfläche

erschien, konnte man an der Schnauze erkennen, wie vergnügt das Tier war.

Plötzlich schwamm ein Seehund den anderen davon. Es war Flapp. Wie ein Pfeil schoß er dahin.

»Nun sehen wir ihn nicht mehr wieder, Kinder«, sagte Lieke leise.

Ich nickte und schluckte. Delia blies geräuschvoll in ihr Taschentuch.

Wir folgten ihm mit den Augen. Weiter und weiter entfernte er sich von uns. Dann kehrte er auf einmal um, als ob er sich an etwas erinnere. Er sah rundum, nur einen Augenblick lang. Mit einem heiseren Bellen, das über das Wasser hin schallte, richtete er sich auf. Und dann schwamm er im Rekordtempo zurück zum Schiff. Sein geschmeidiger grauer Körper glitt durch das Wasser.

Nicht weit von uns entfernt richtete er sich auf. Über seinem Schnurrbart sahen wir die klugen, wachsamen Augen.

Ich weiß genau, daß er uns erkannte. Er sah uns durchdringend an.

Bevor er endgültig verschwand, ließ er dreimal ein seltsames Schmatzgeräusch hören. Pfft, pfft, pfft. Drei Abschiedsküßchen.

Ich dachte bei mir, wenn ich das später erzähle, glaubt es mir kein Mensch.

Stolz und glücklich fuhren wir nach Hause. Unserm Flapp hatten wir geholfen. Nun müssen wir alles dafür tun, daß die Nordsee wieder gesund wird. Dann kann Flapp dort viele Jahre leben. Es ist doch schließlich sein Meer. Oder etwa nicht?